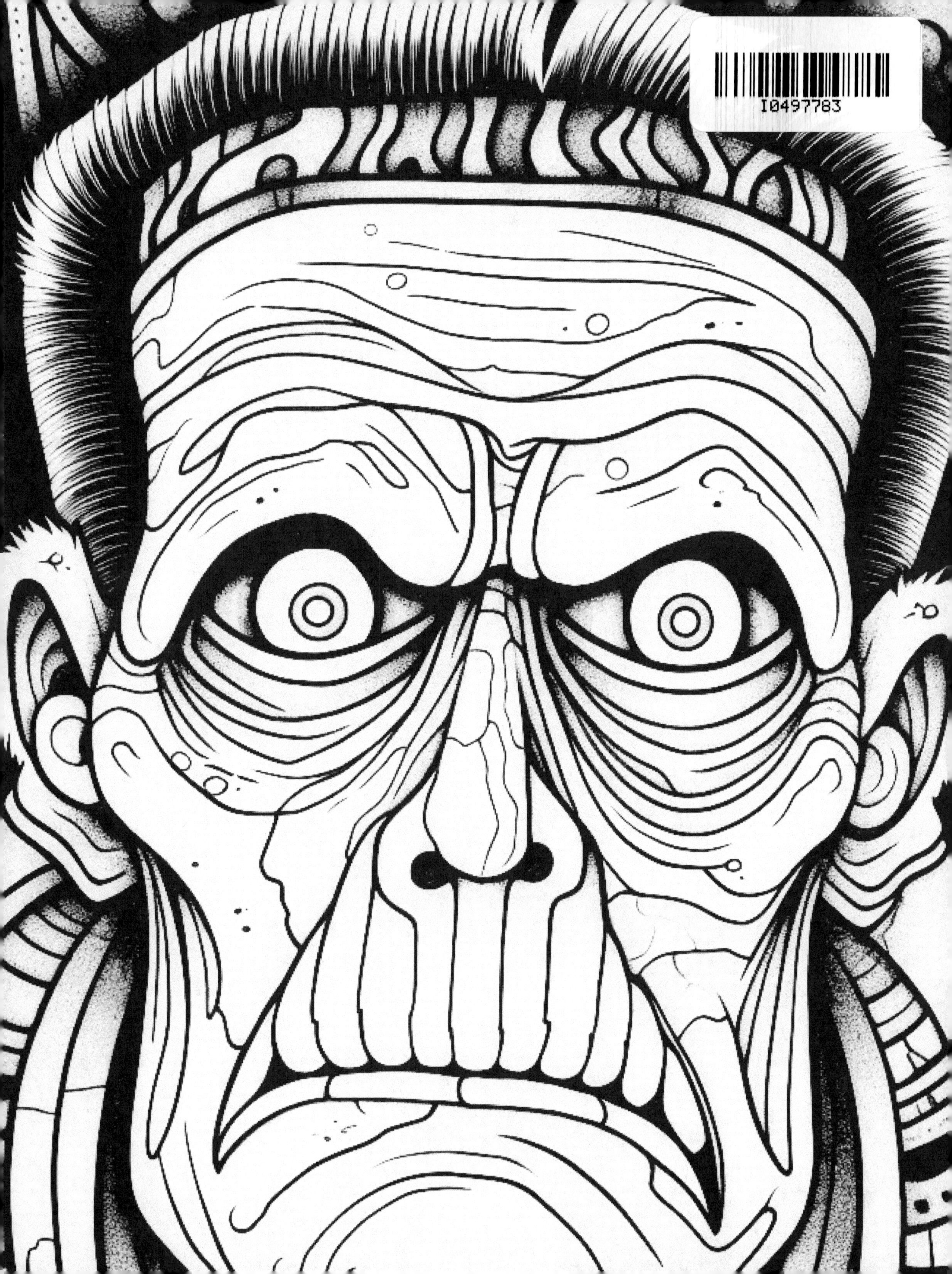

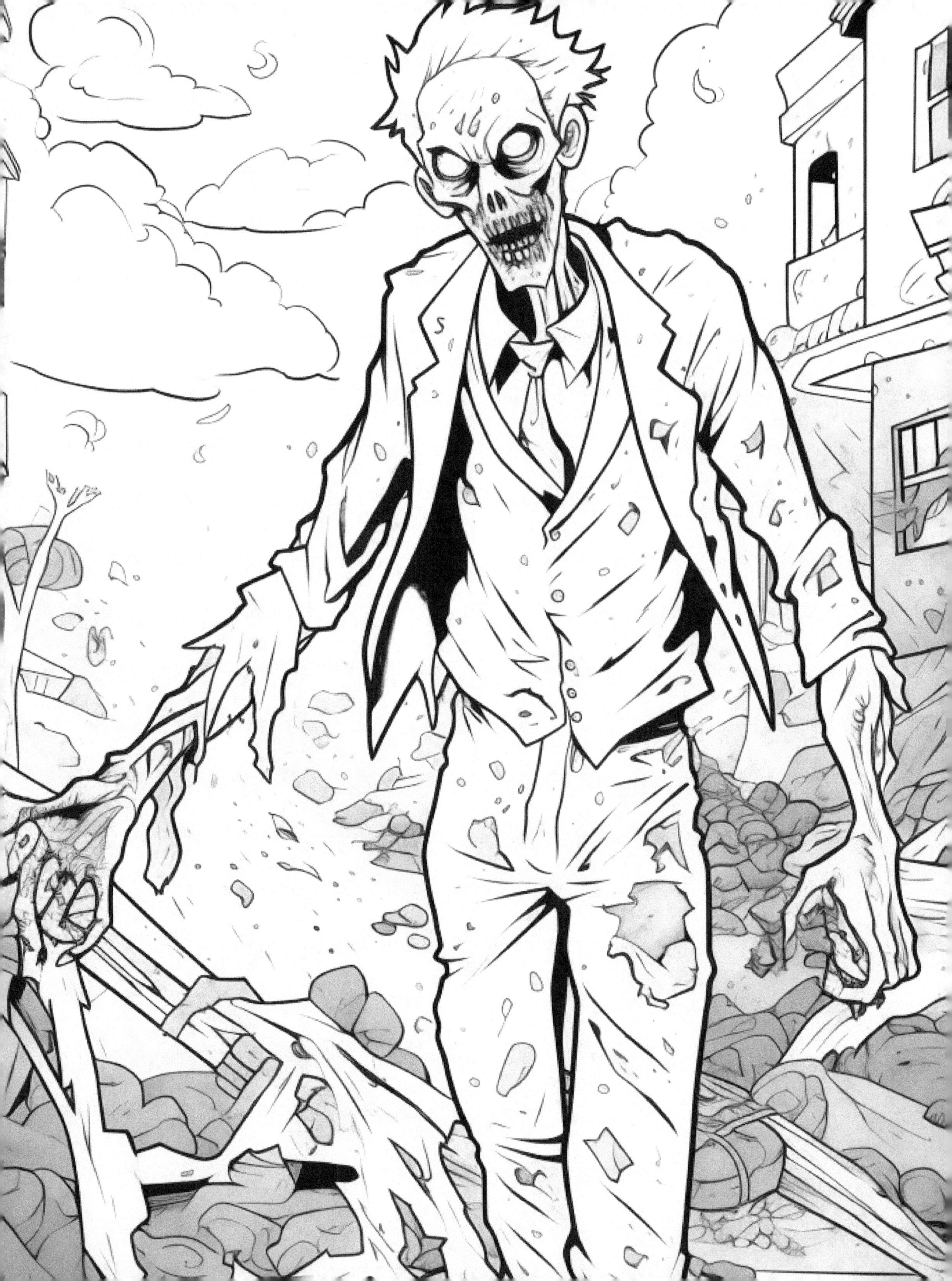

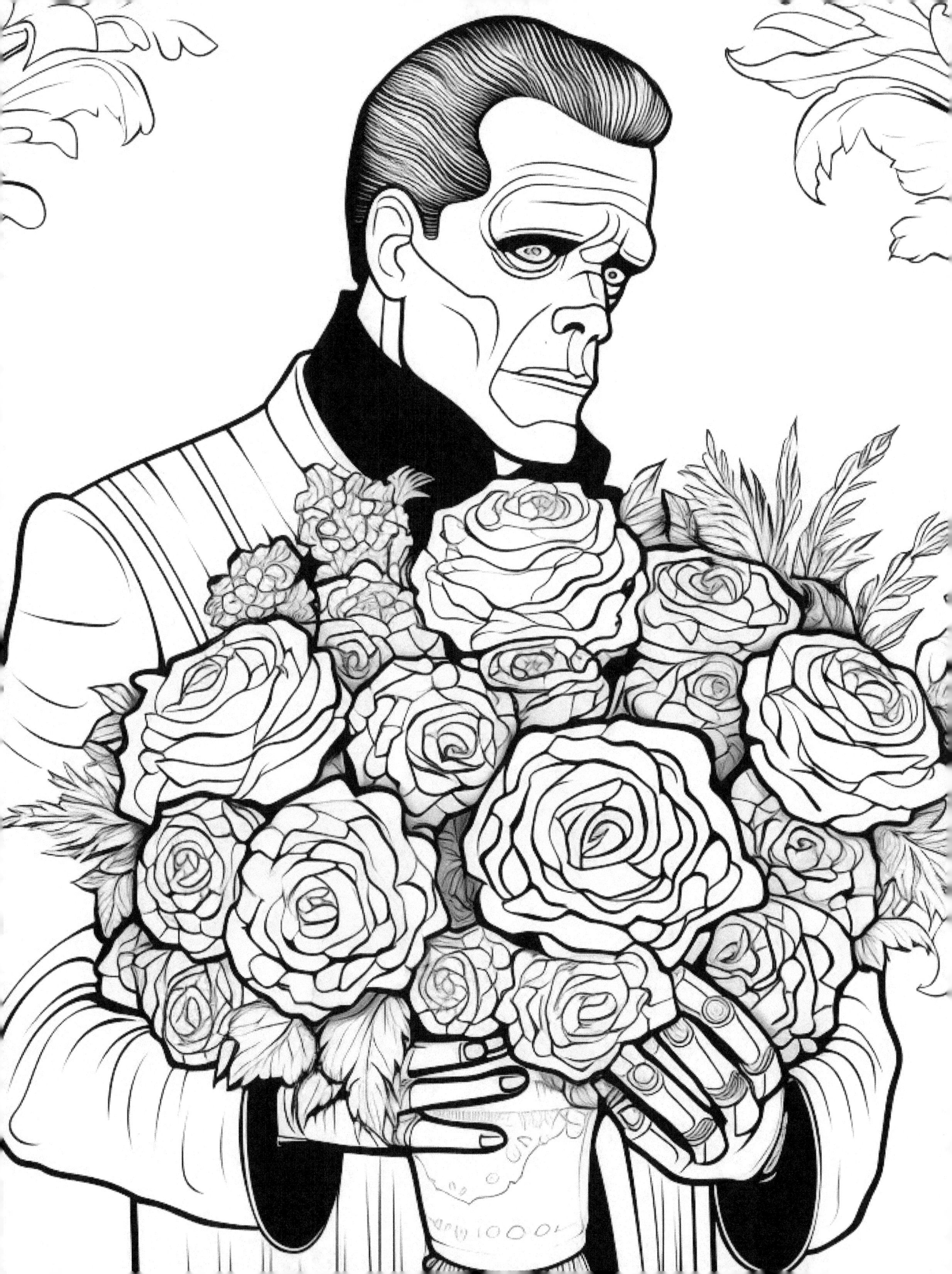

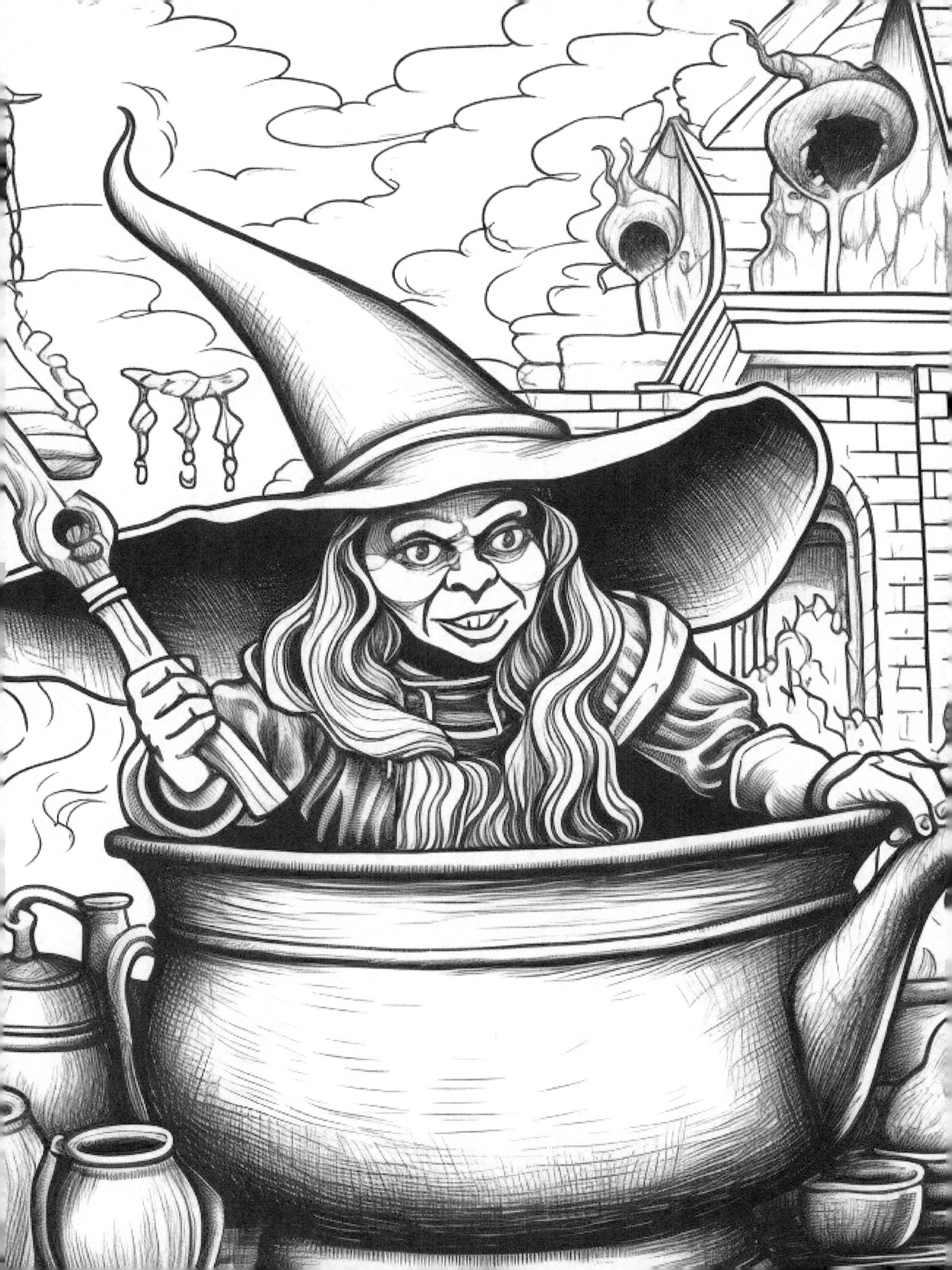

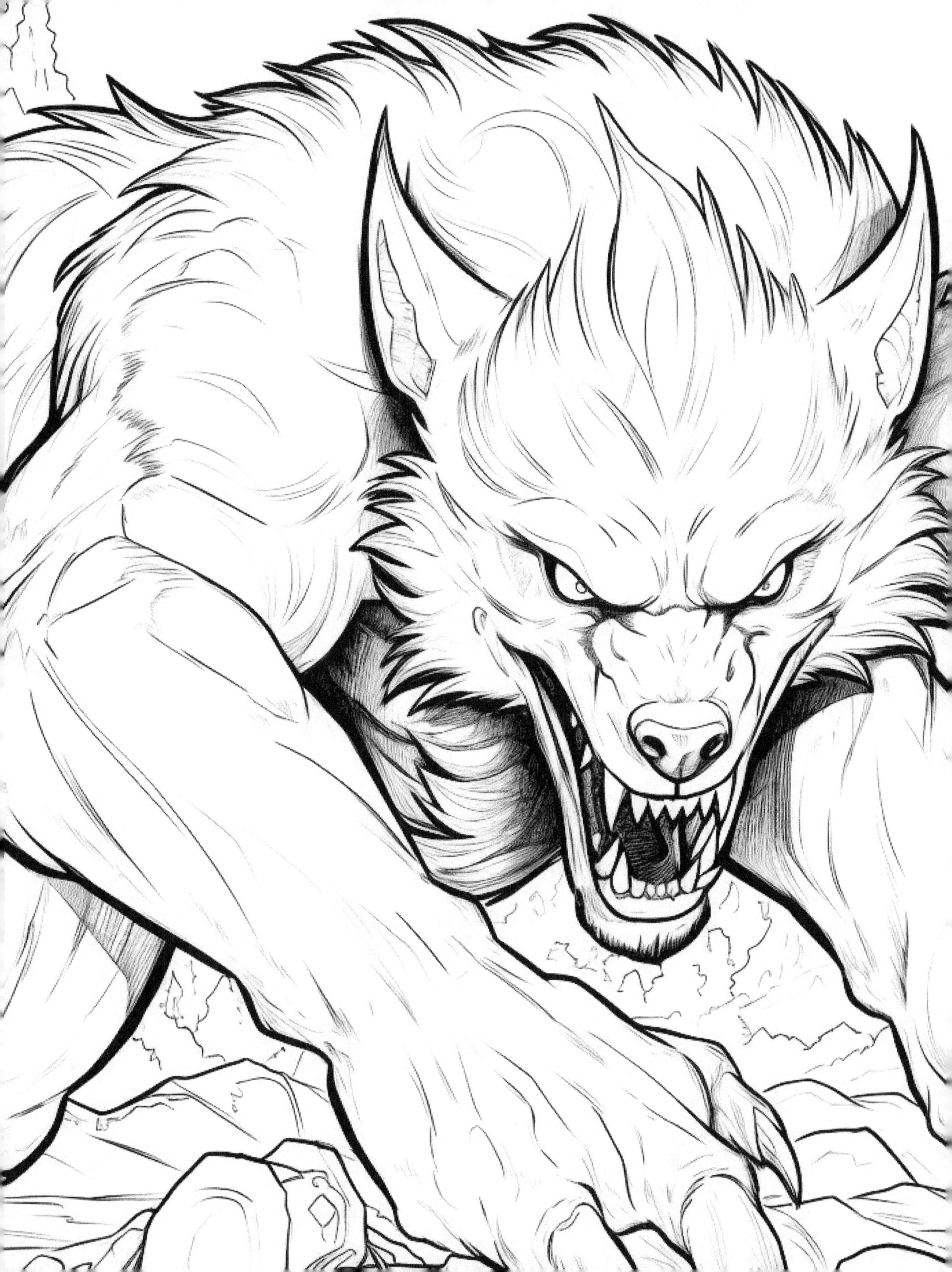

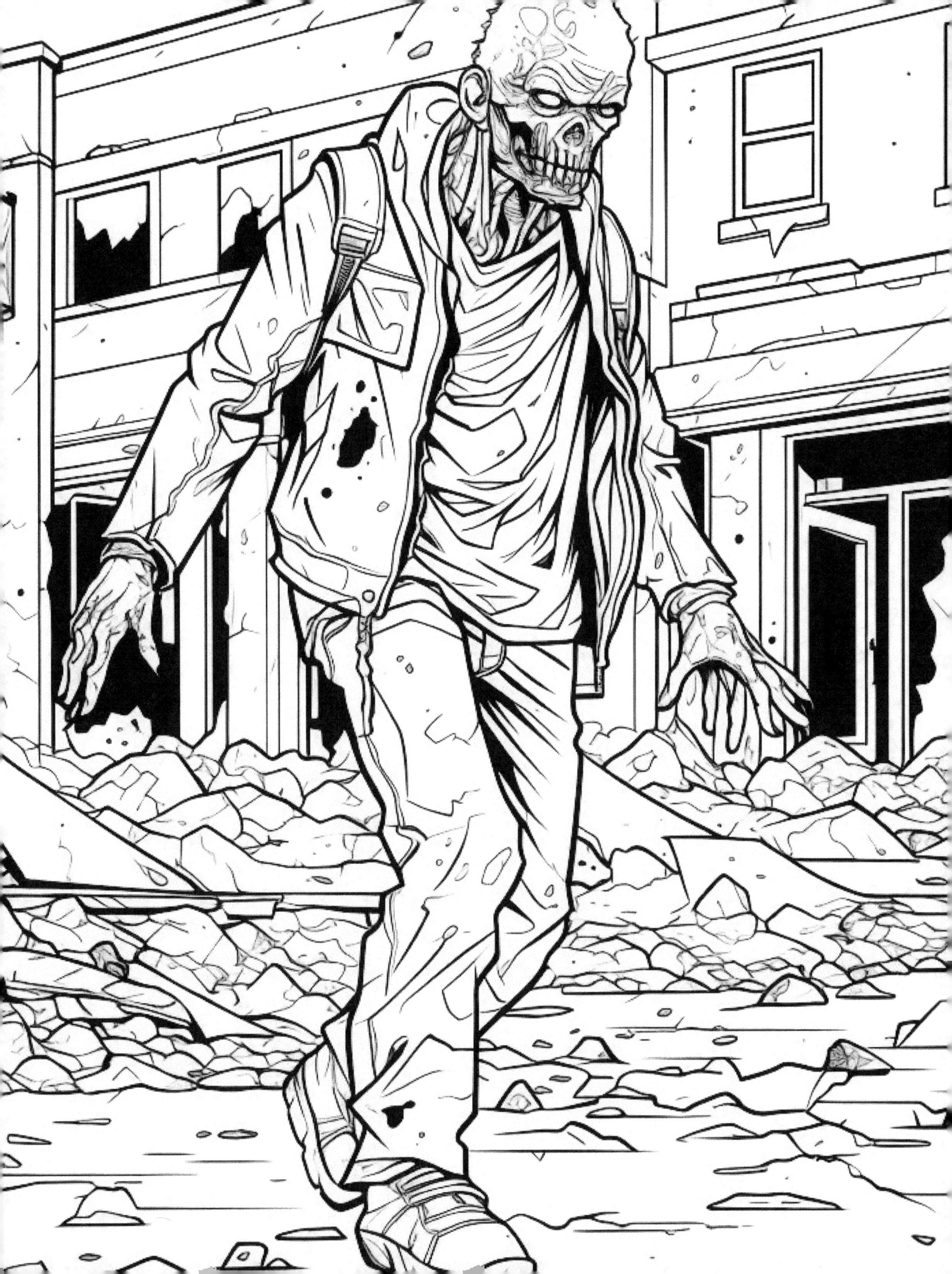

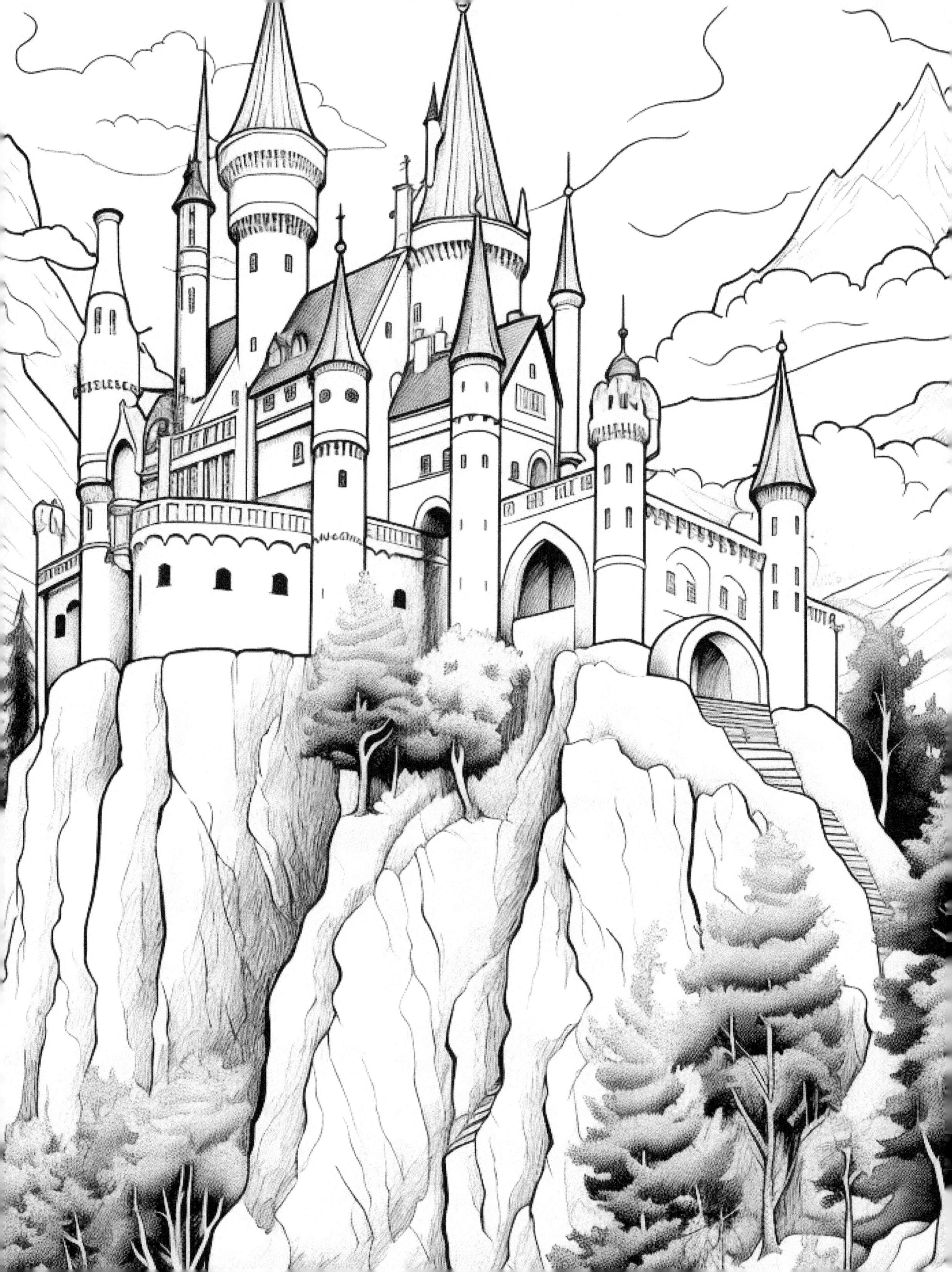

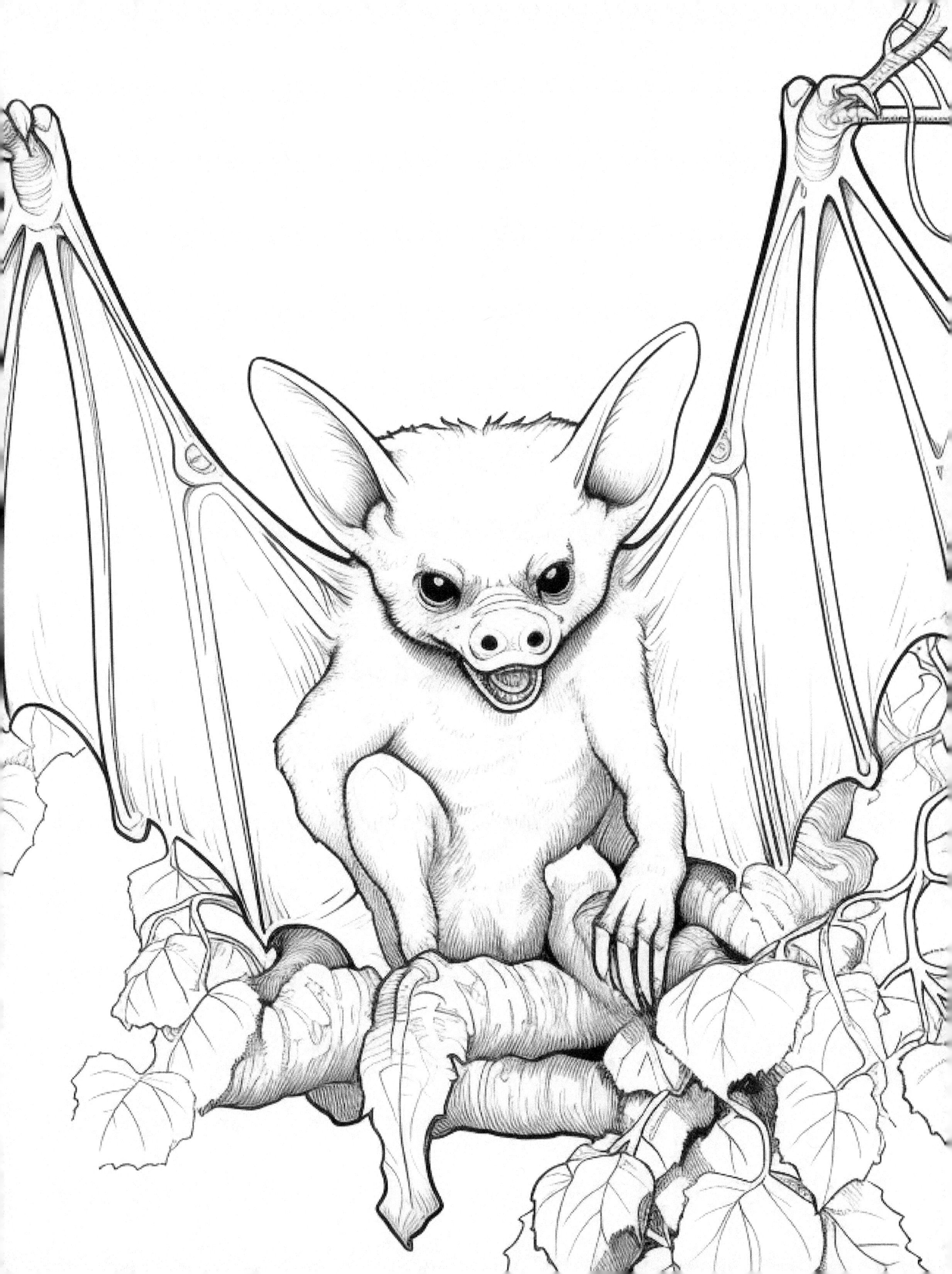

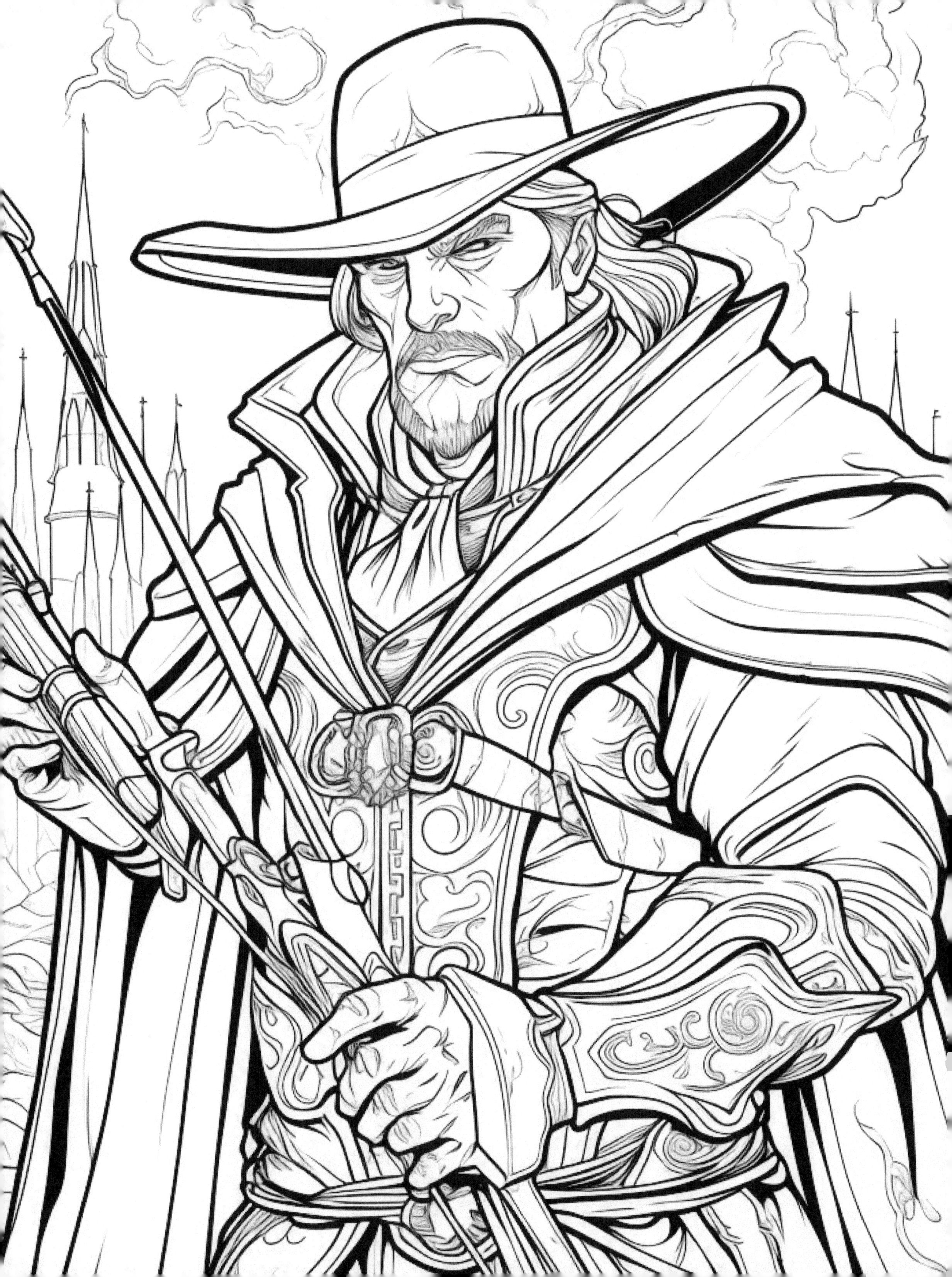

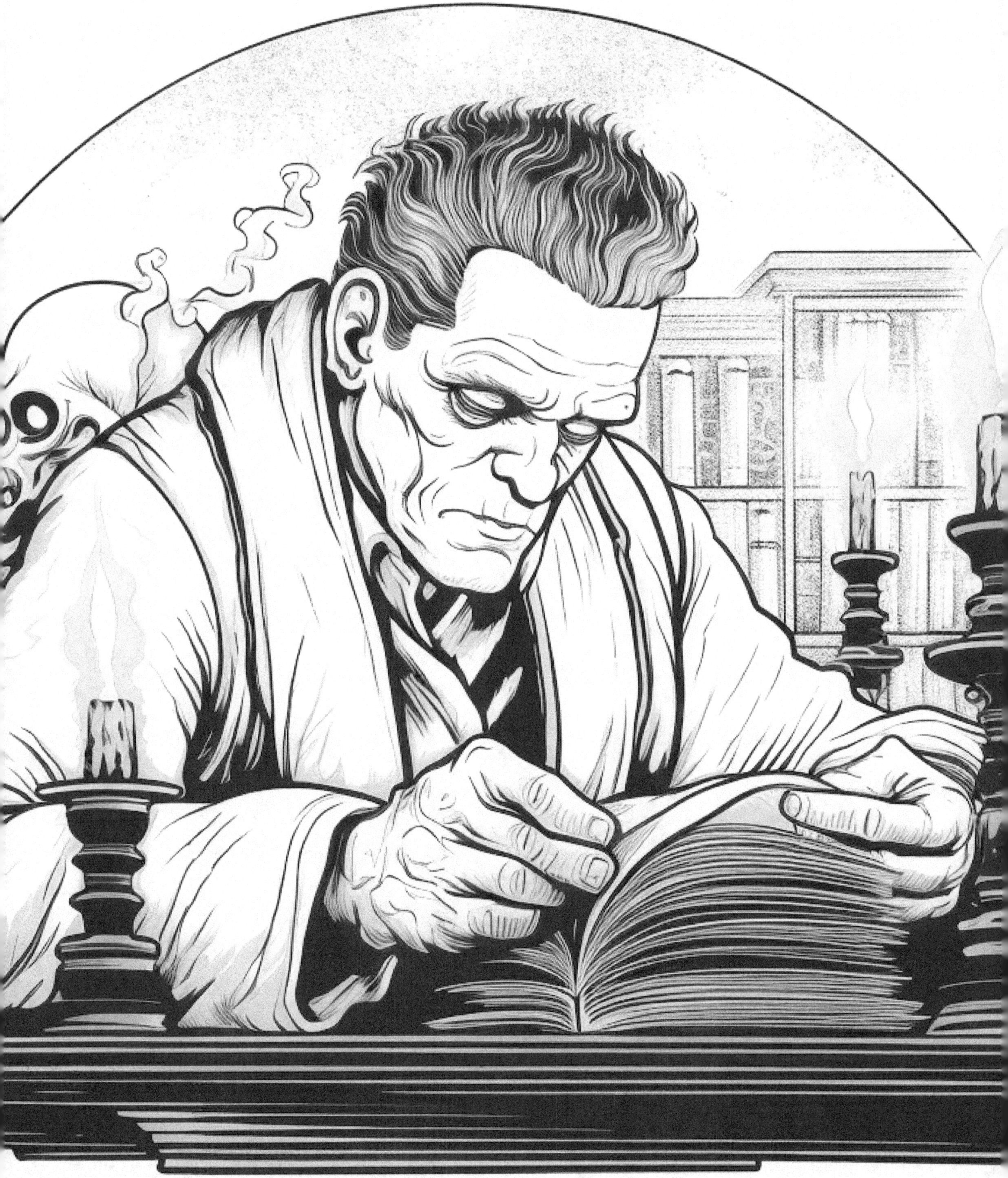

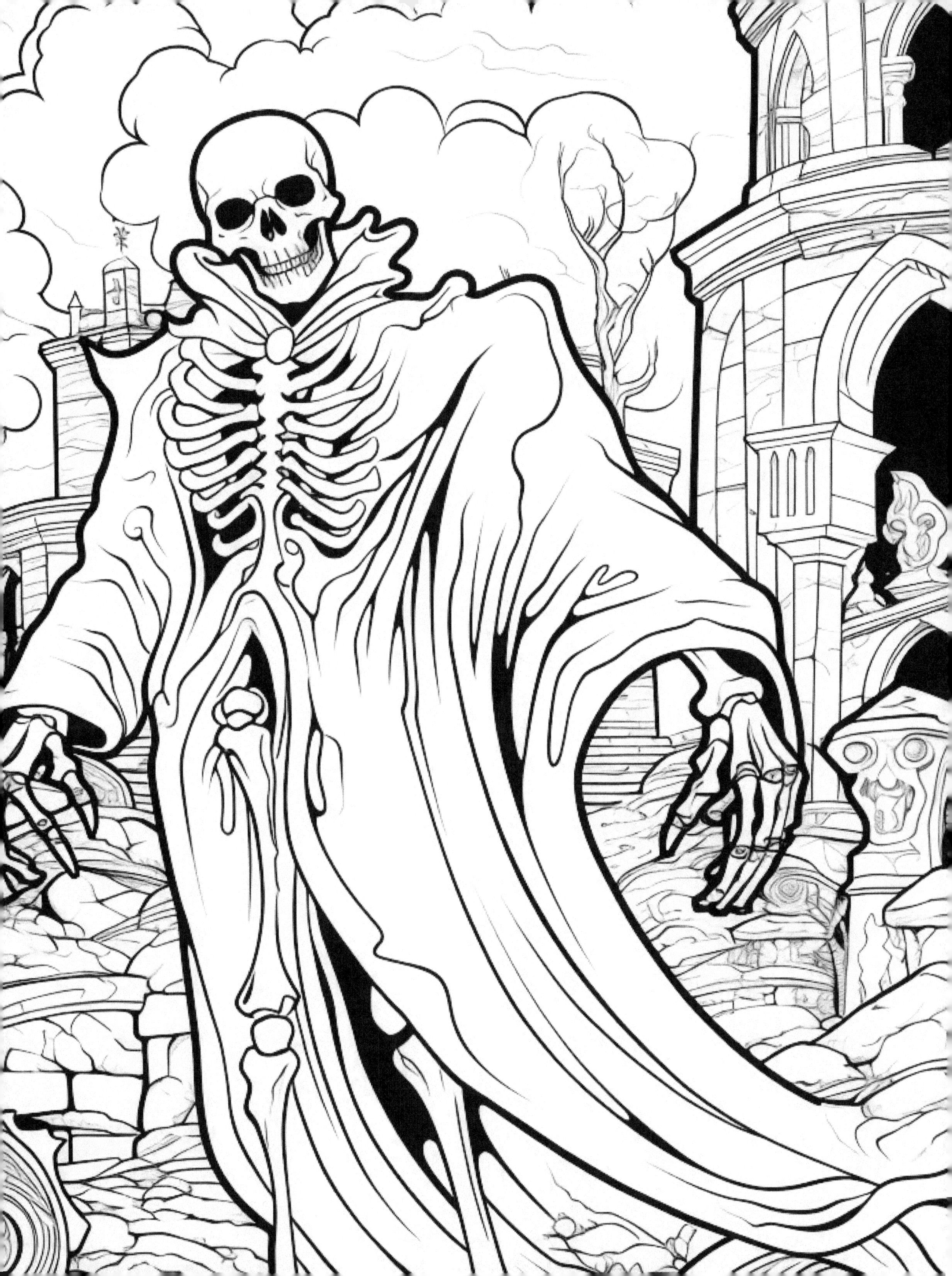

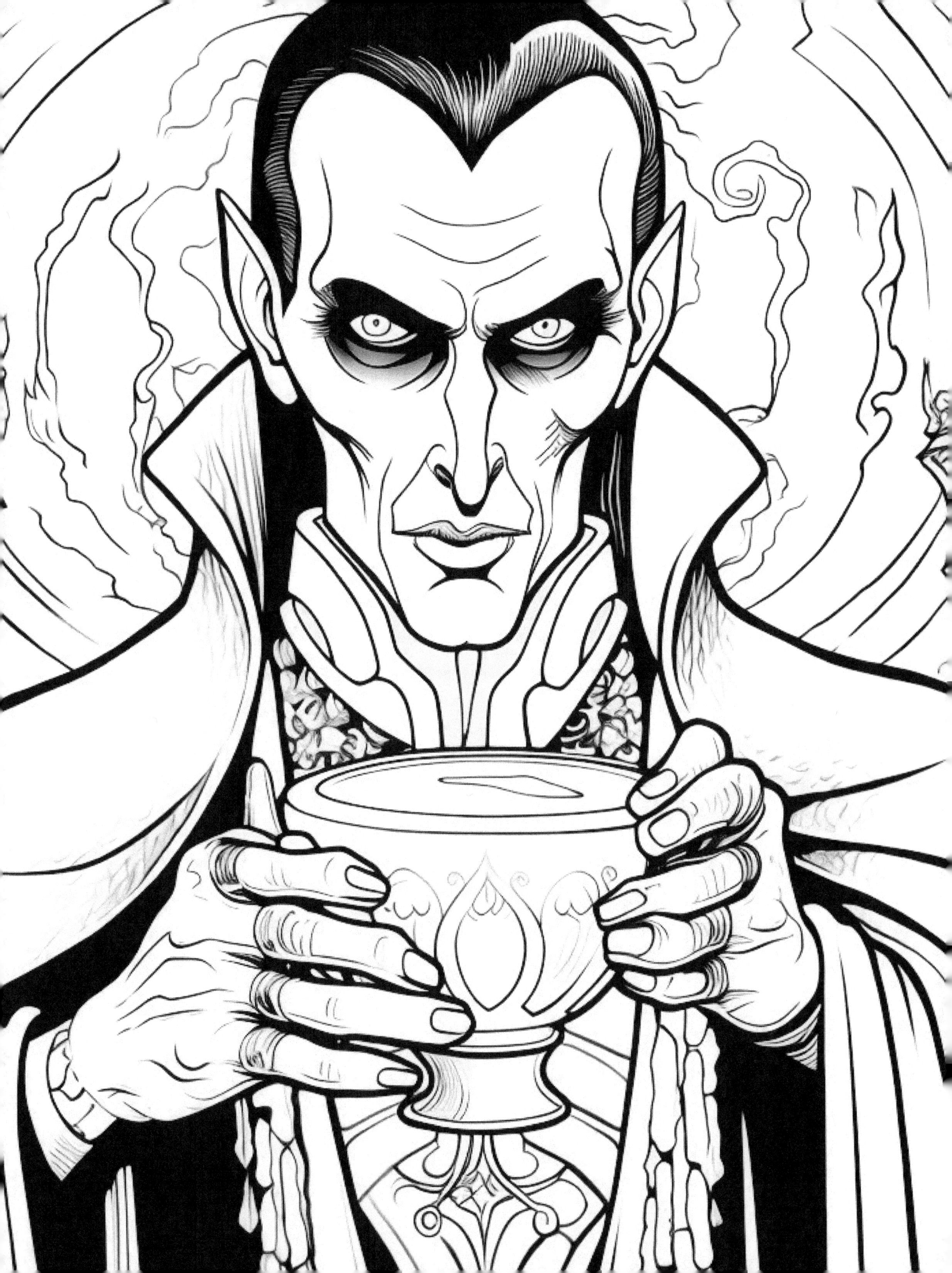

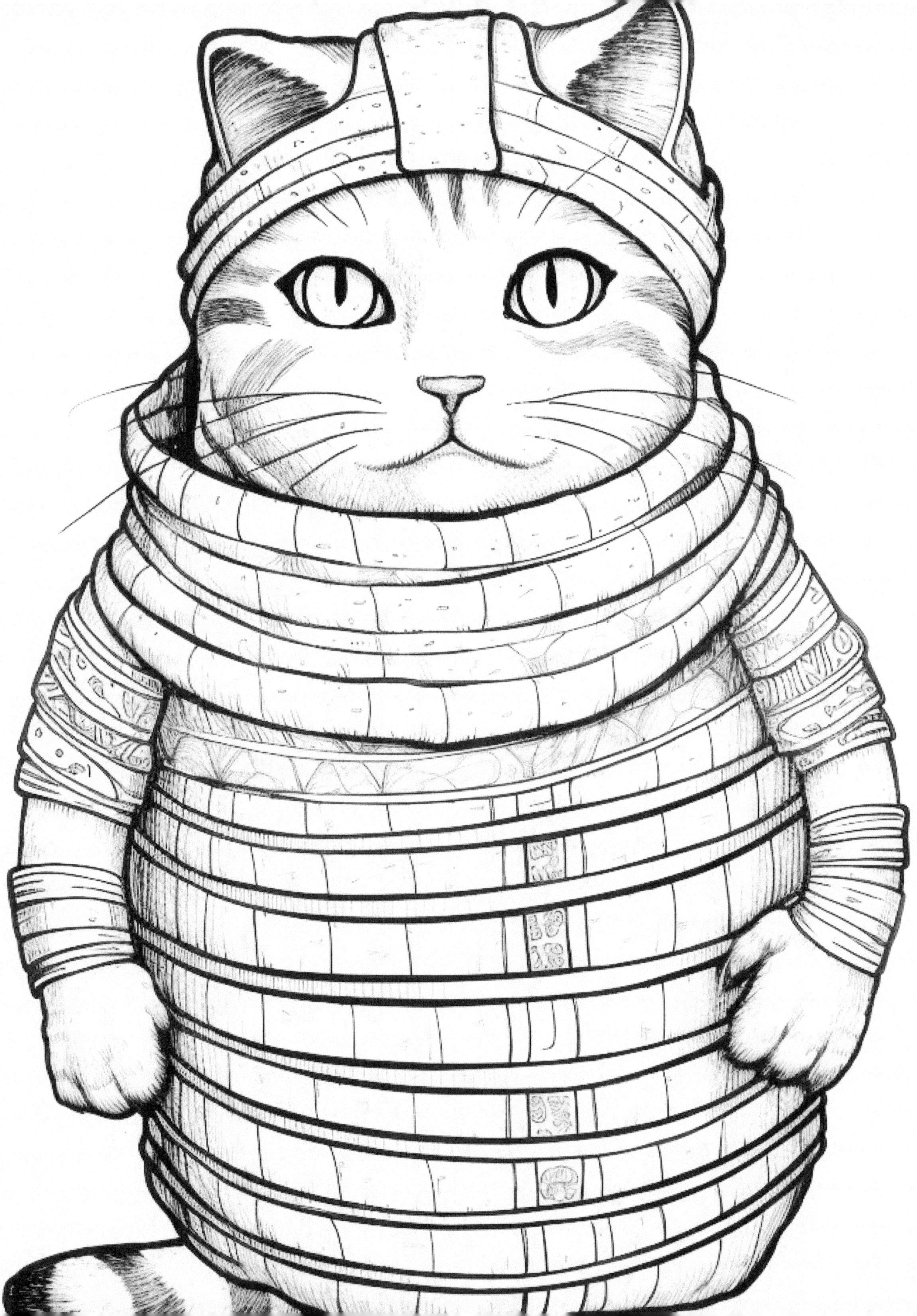

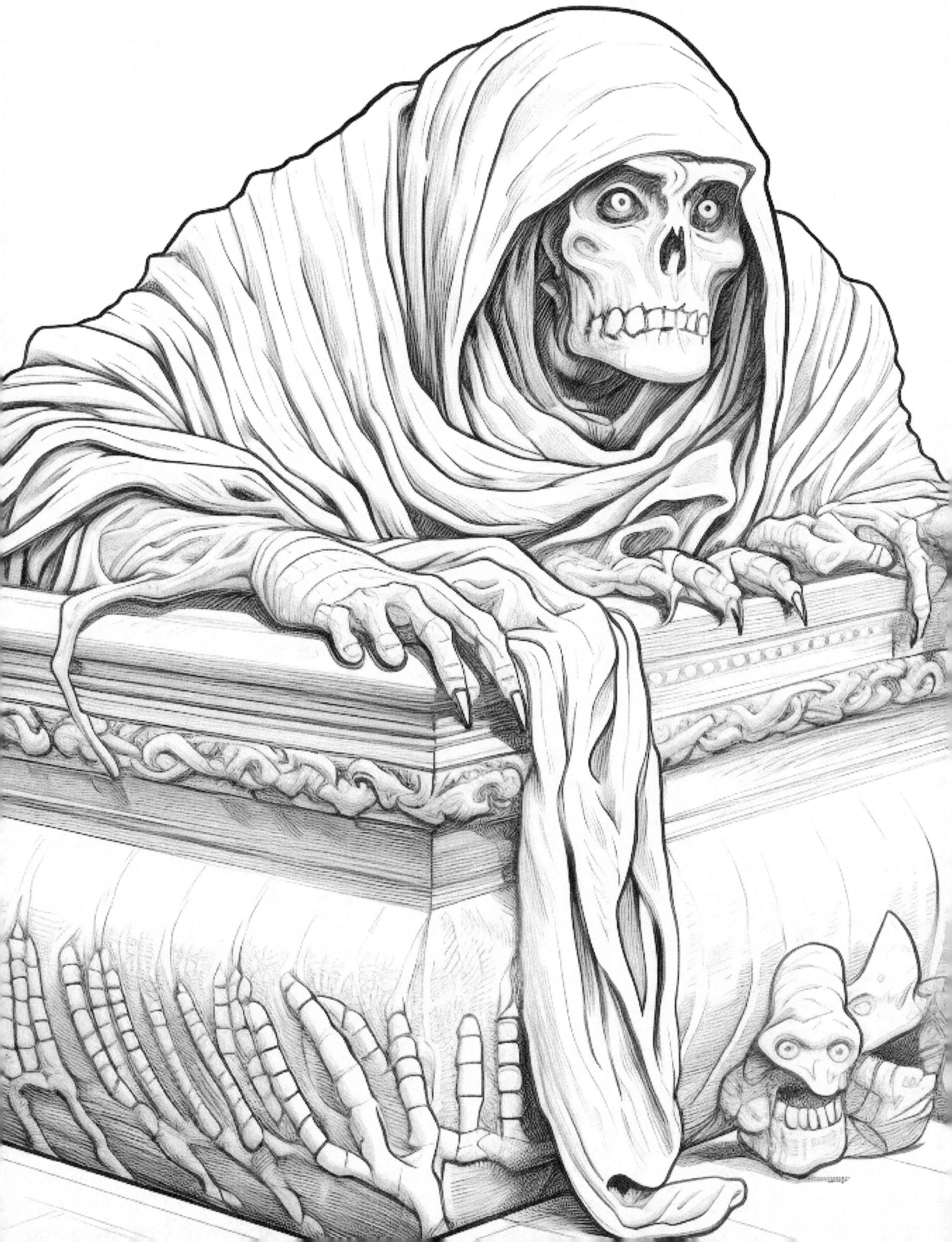

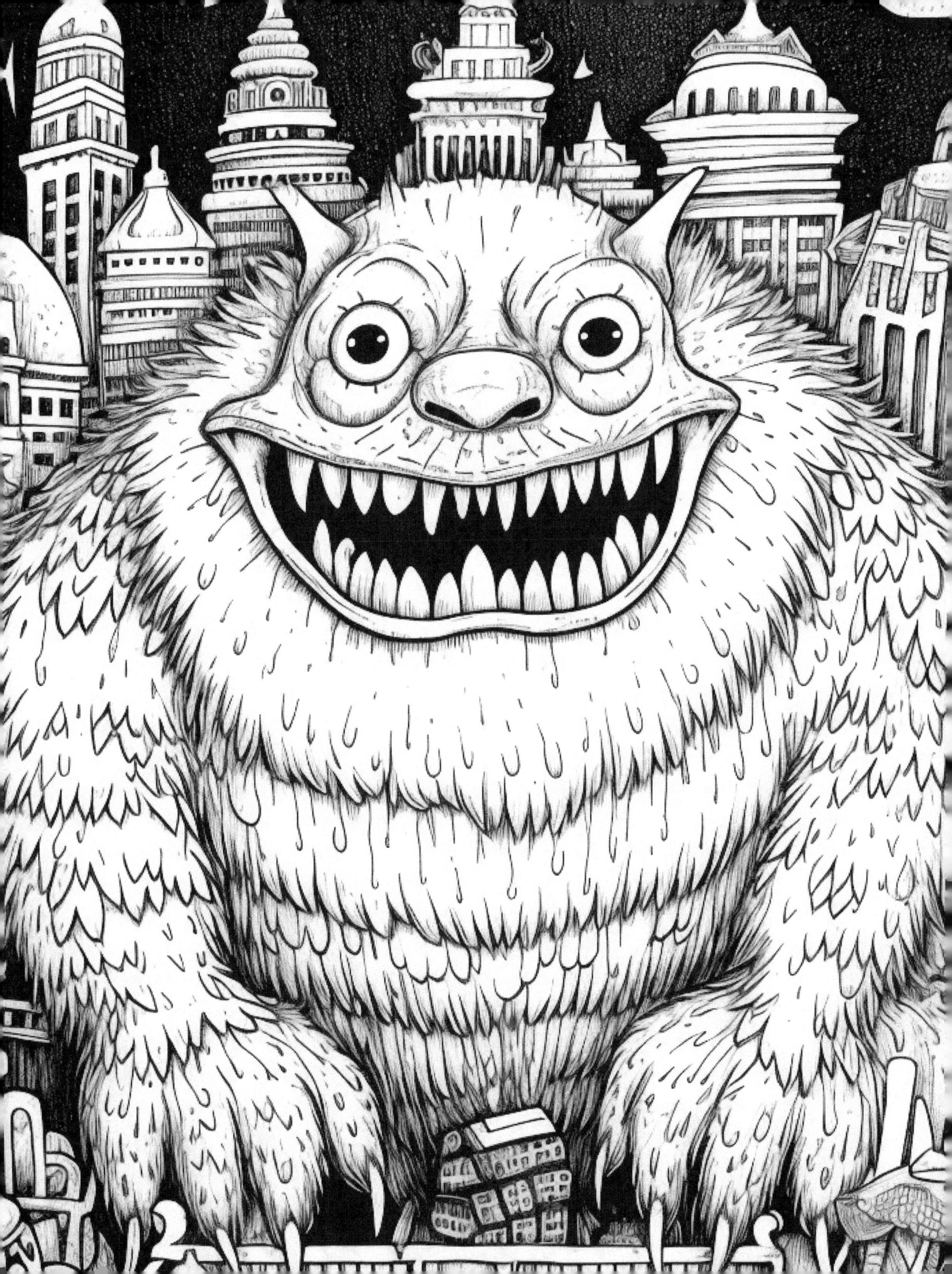

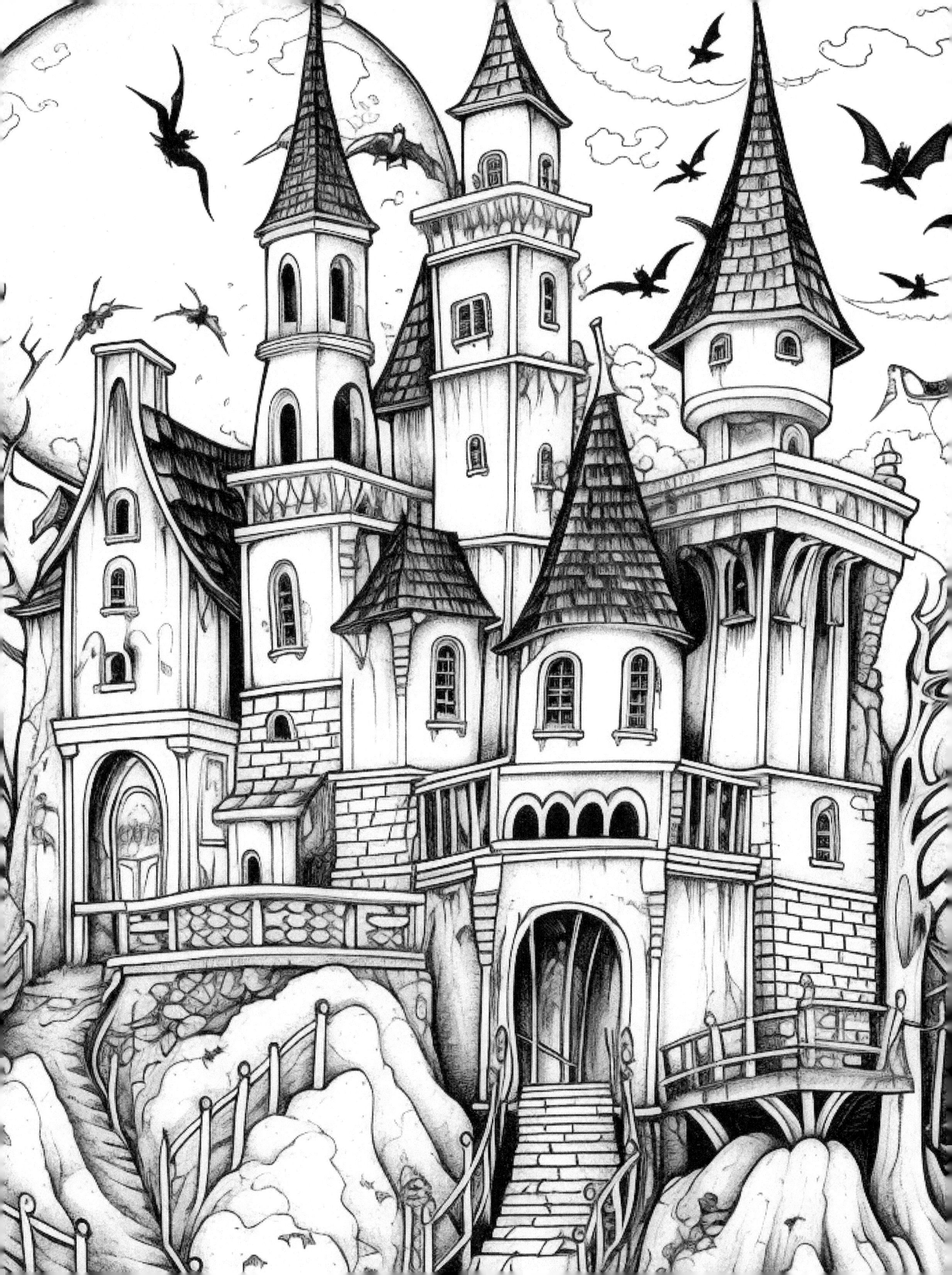

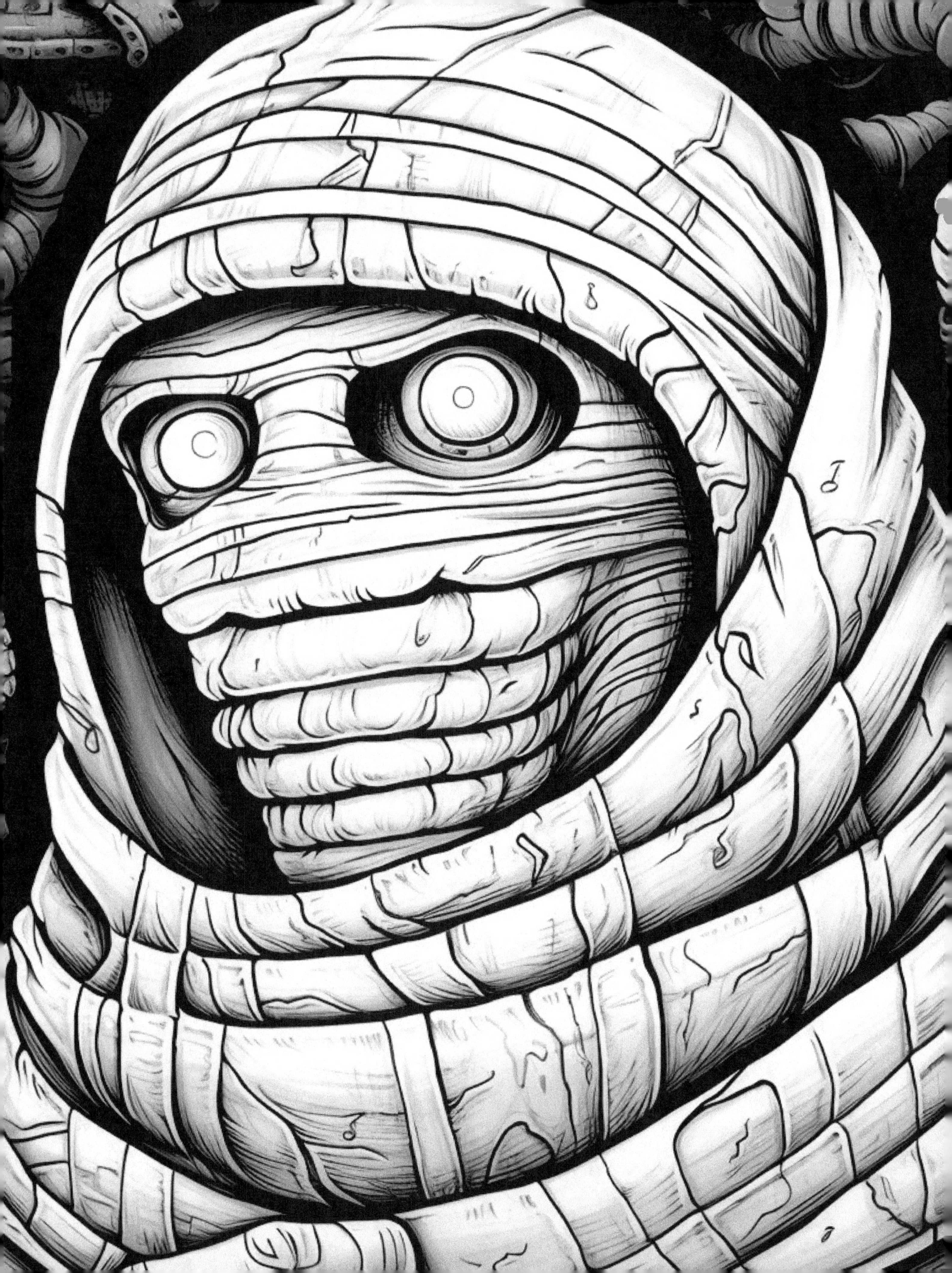

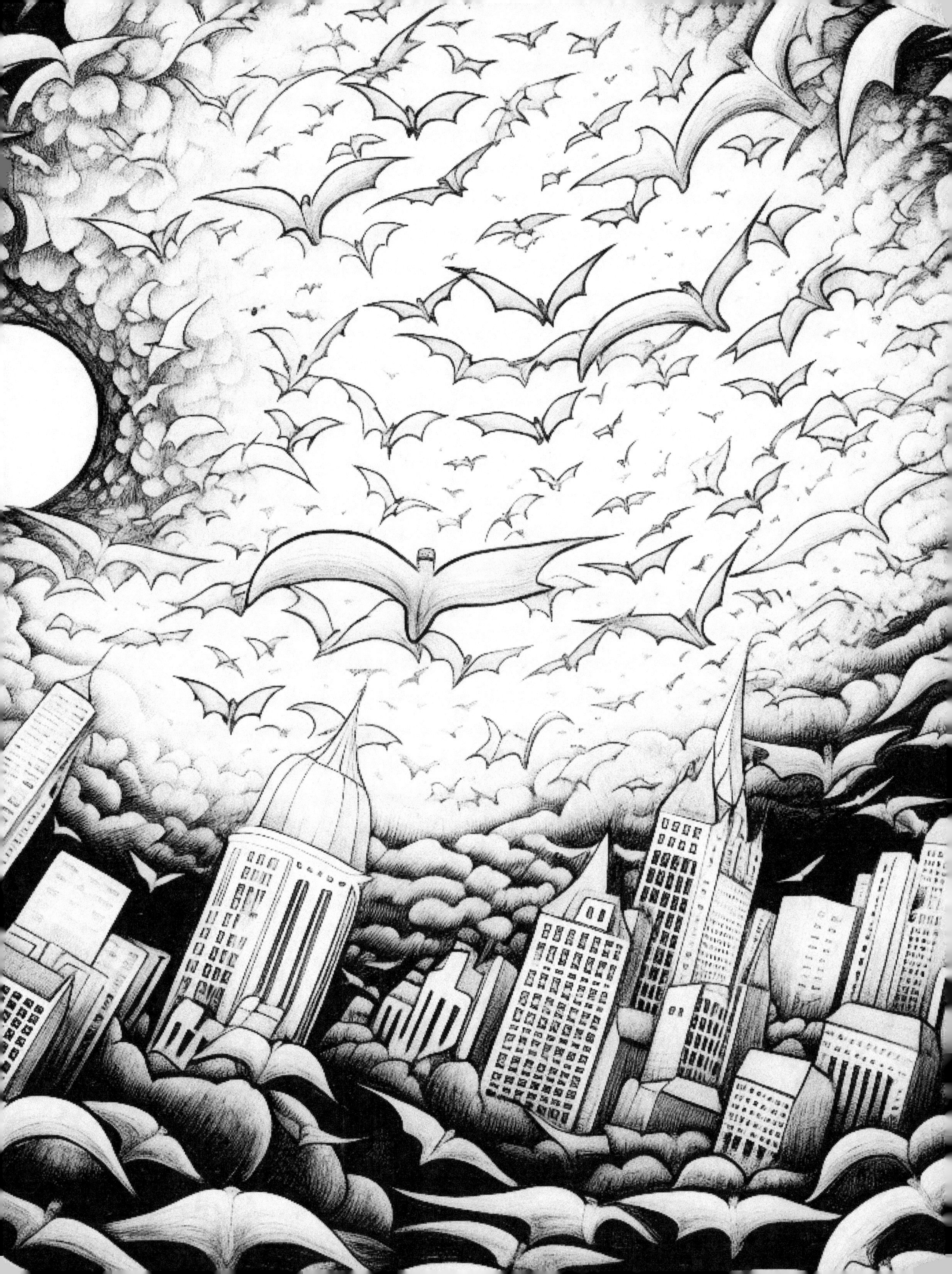

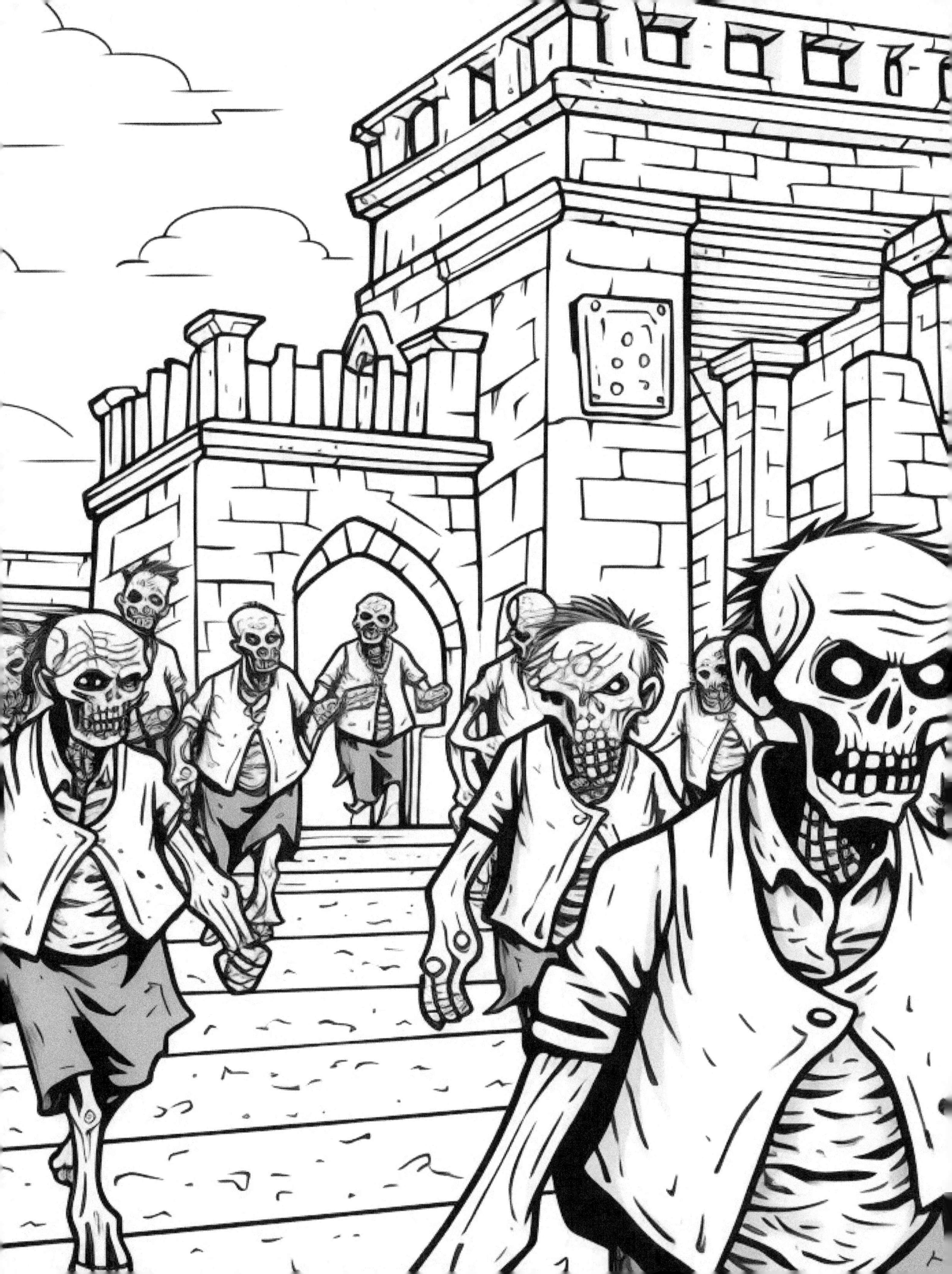

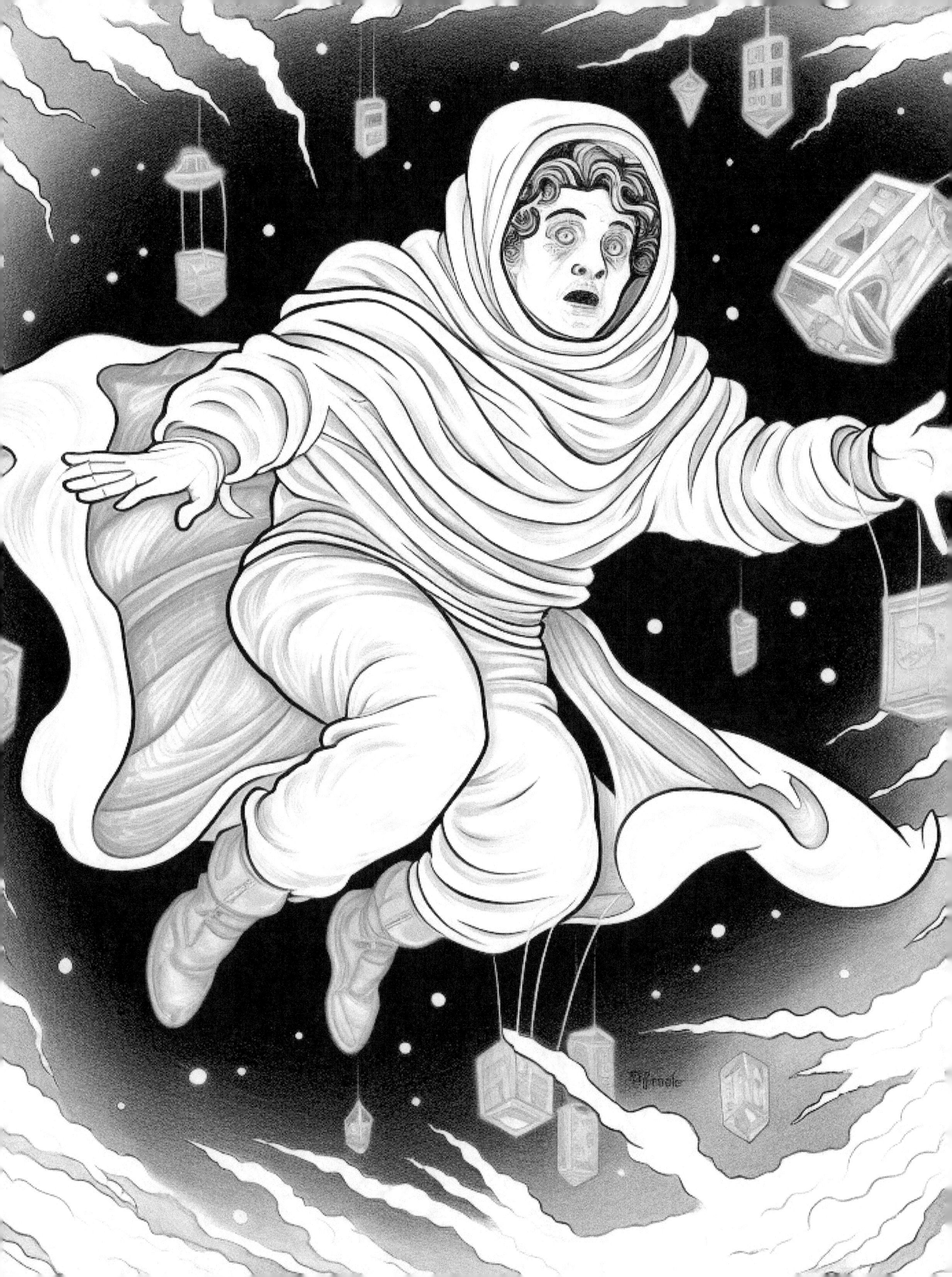

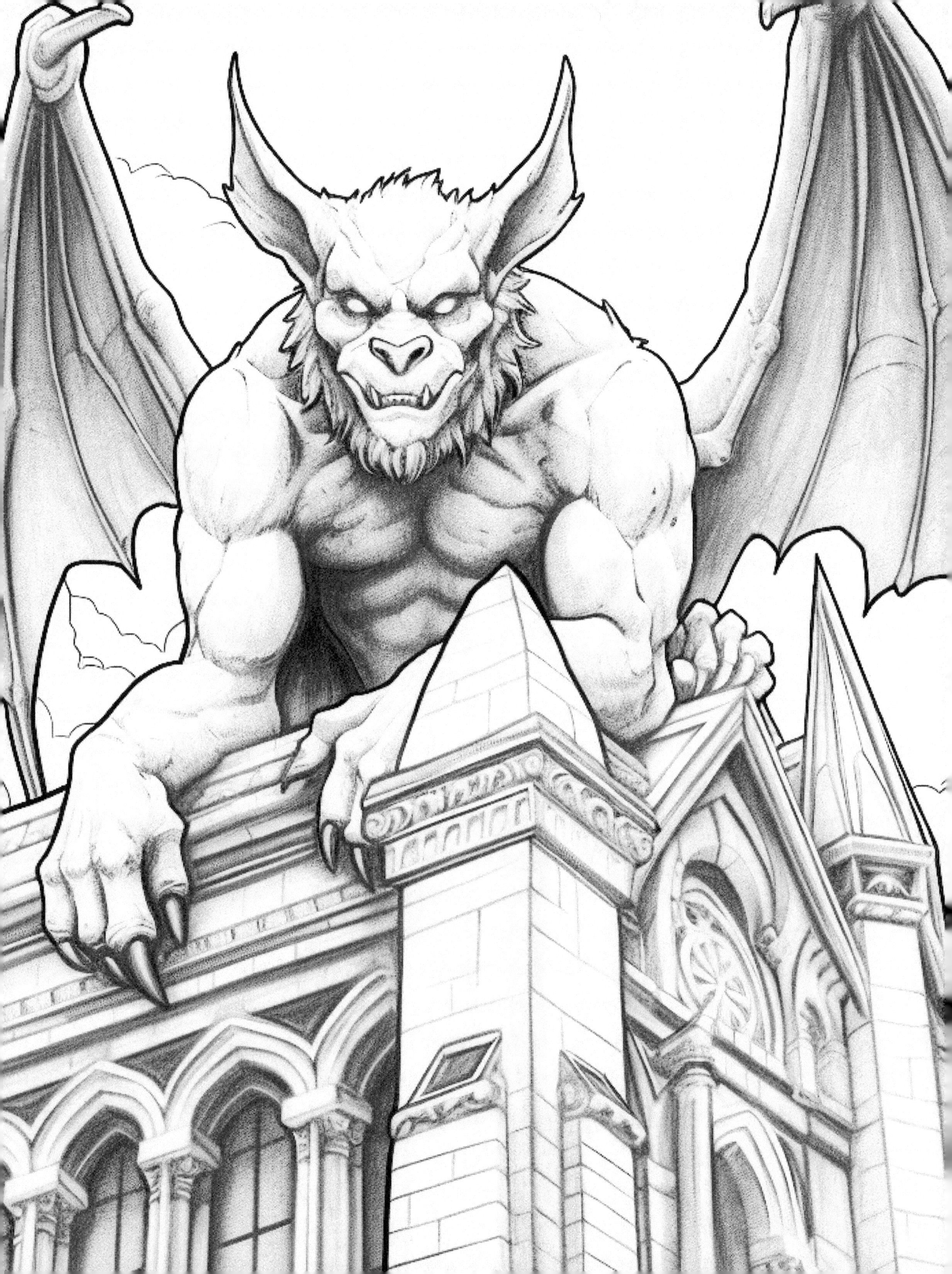

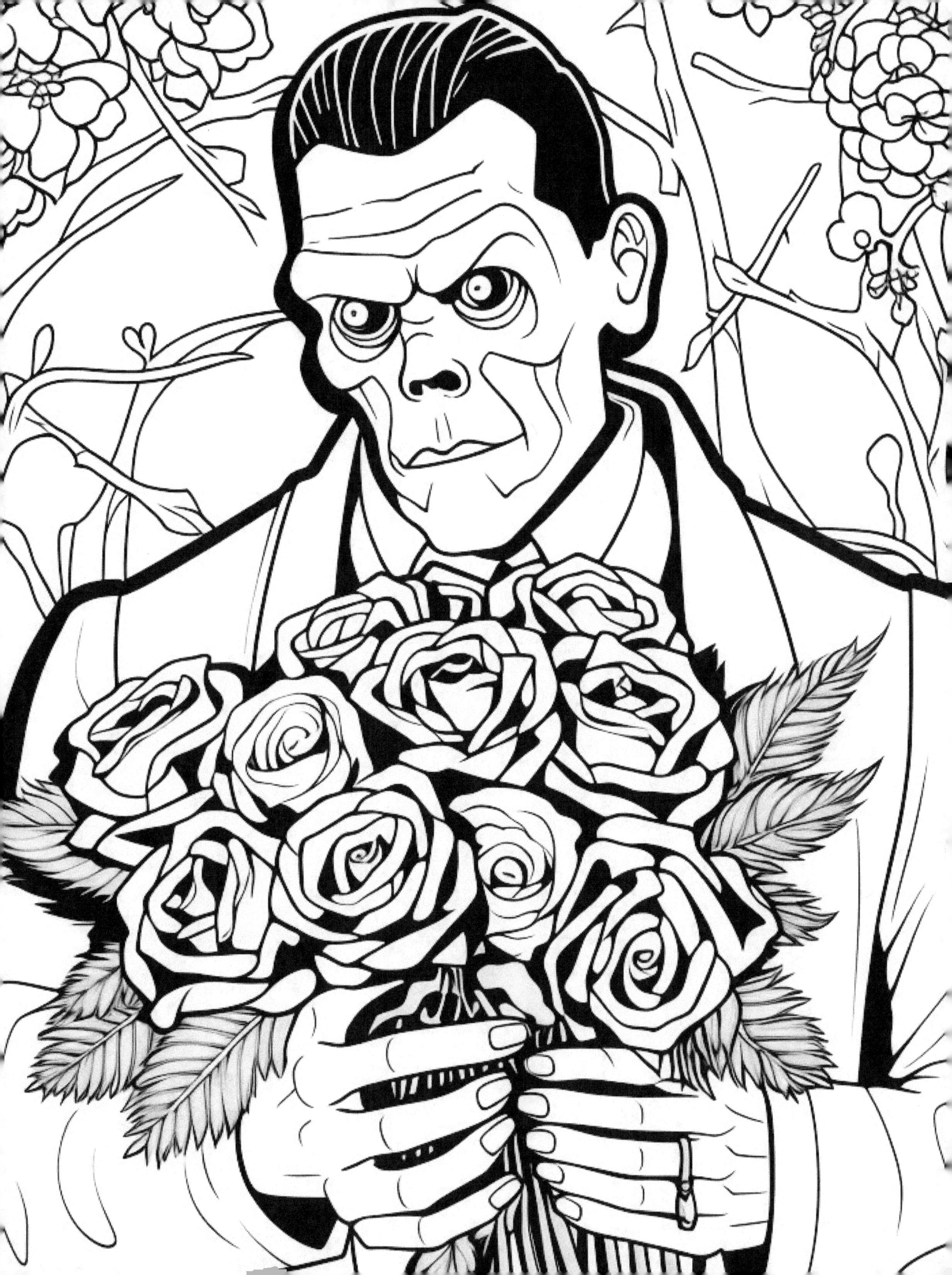

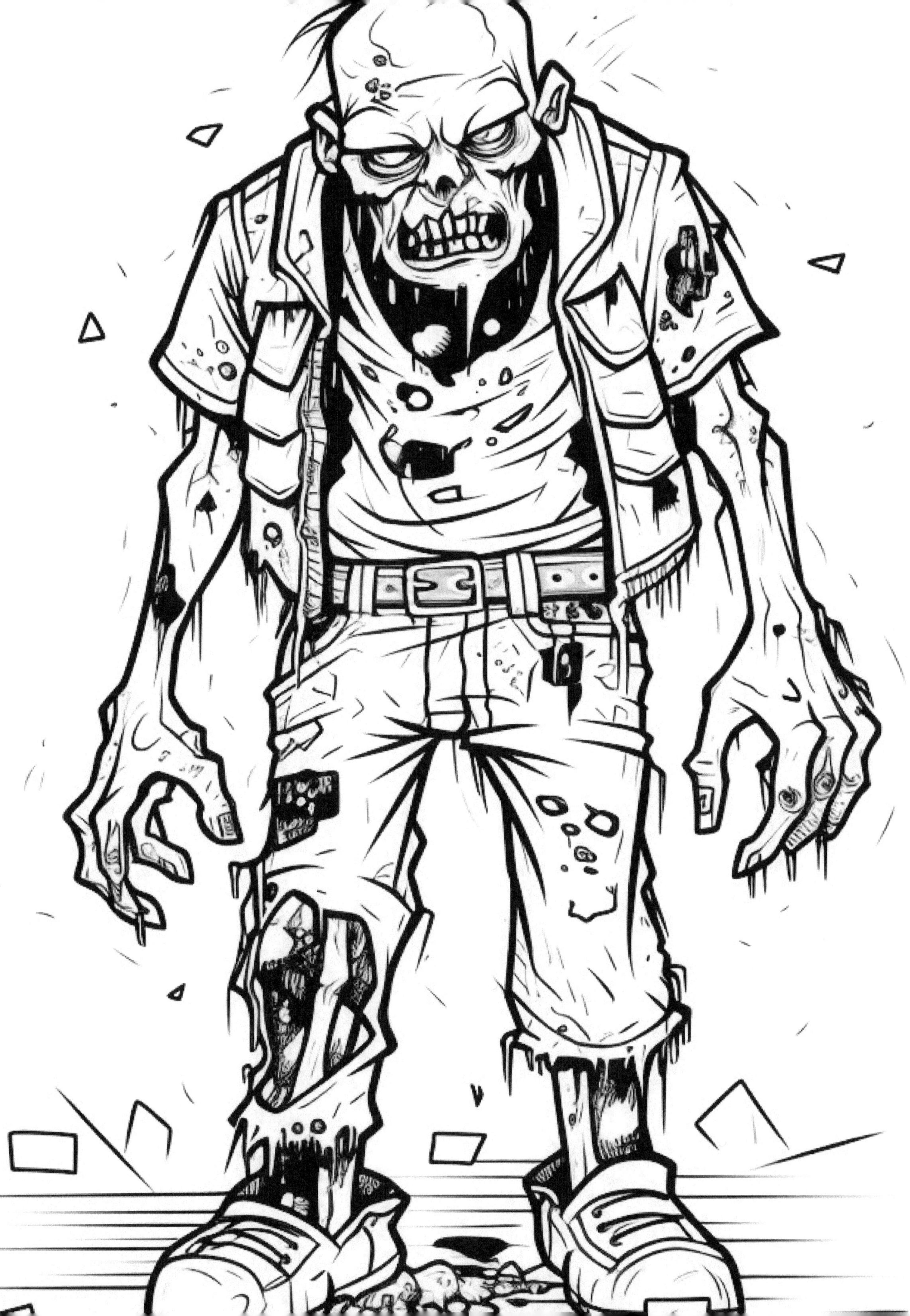

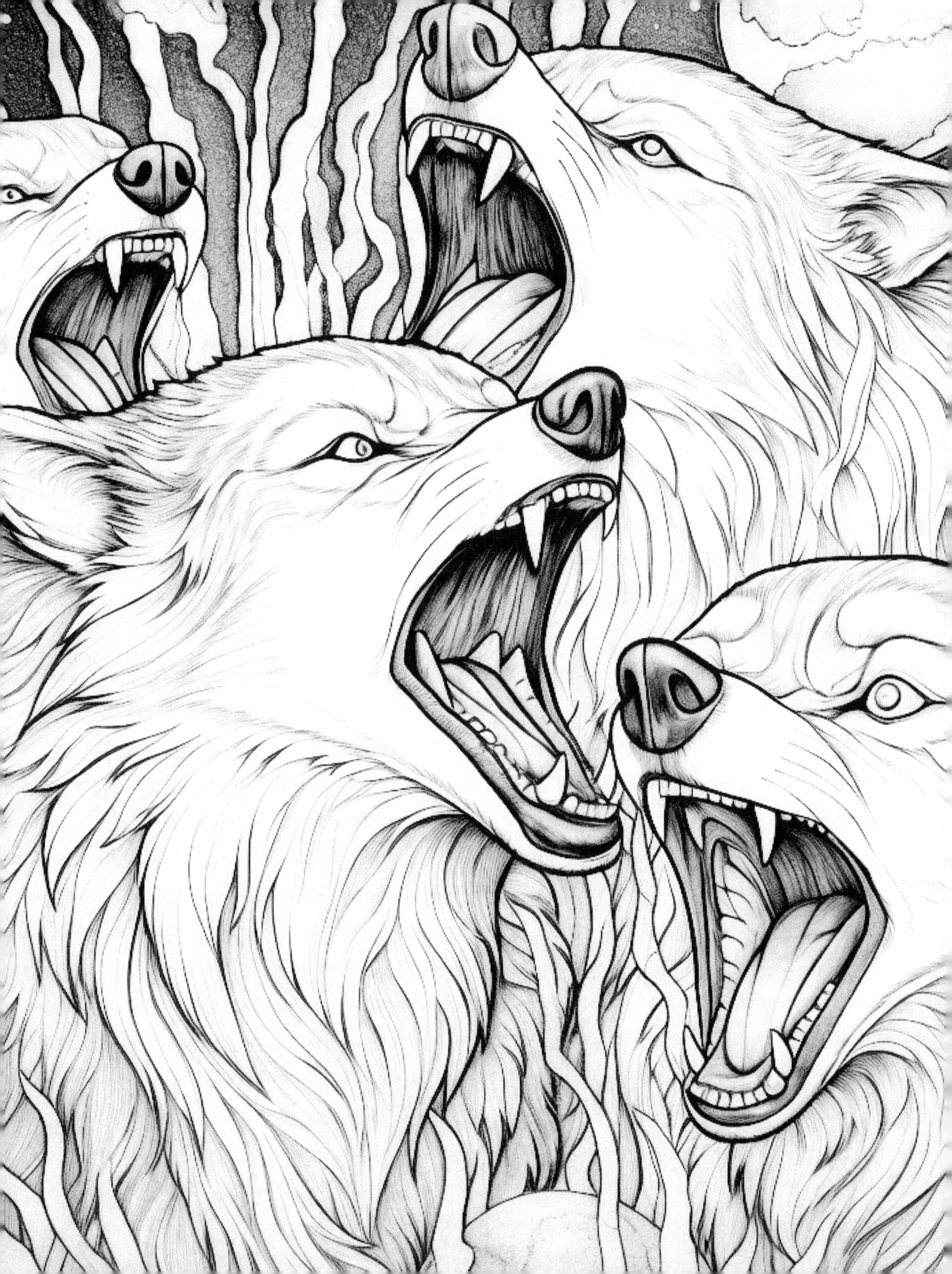

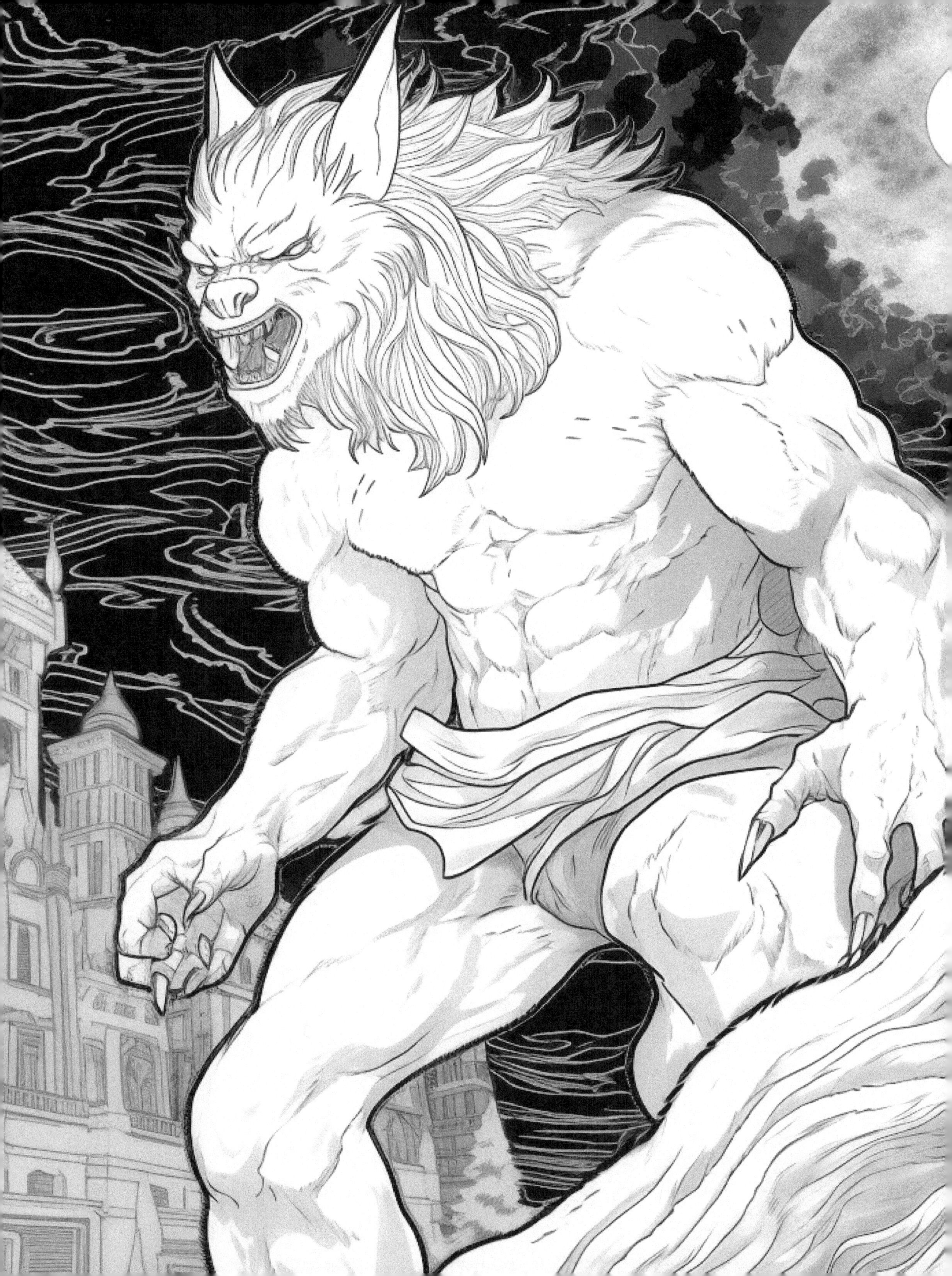

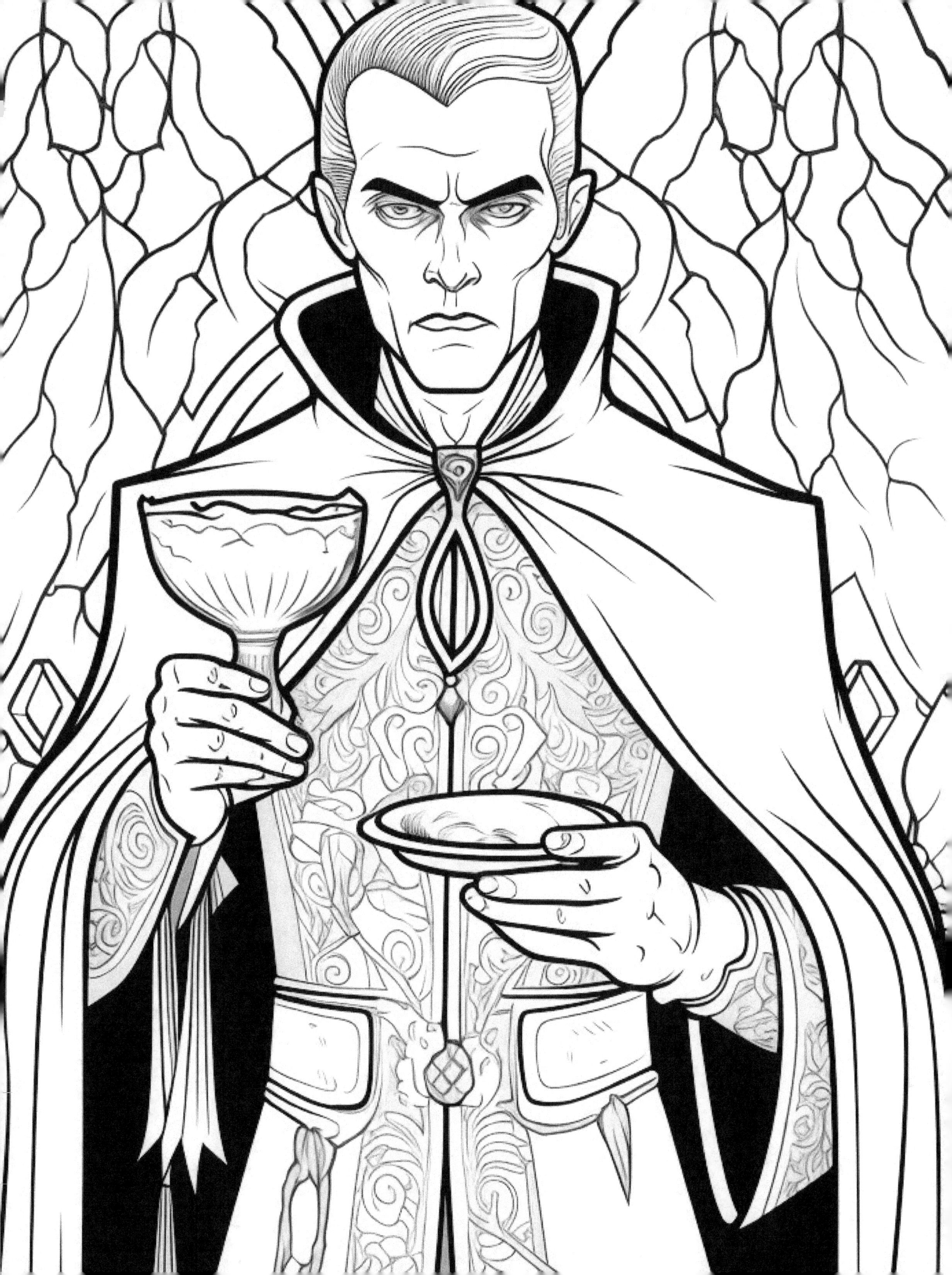

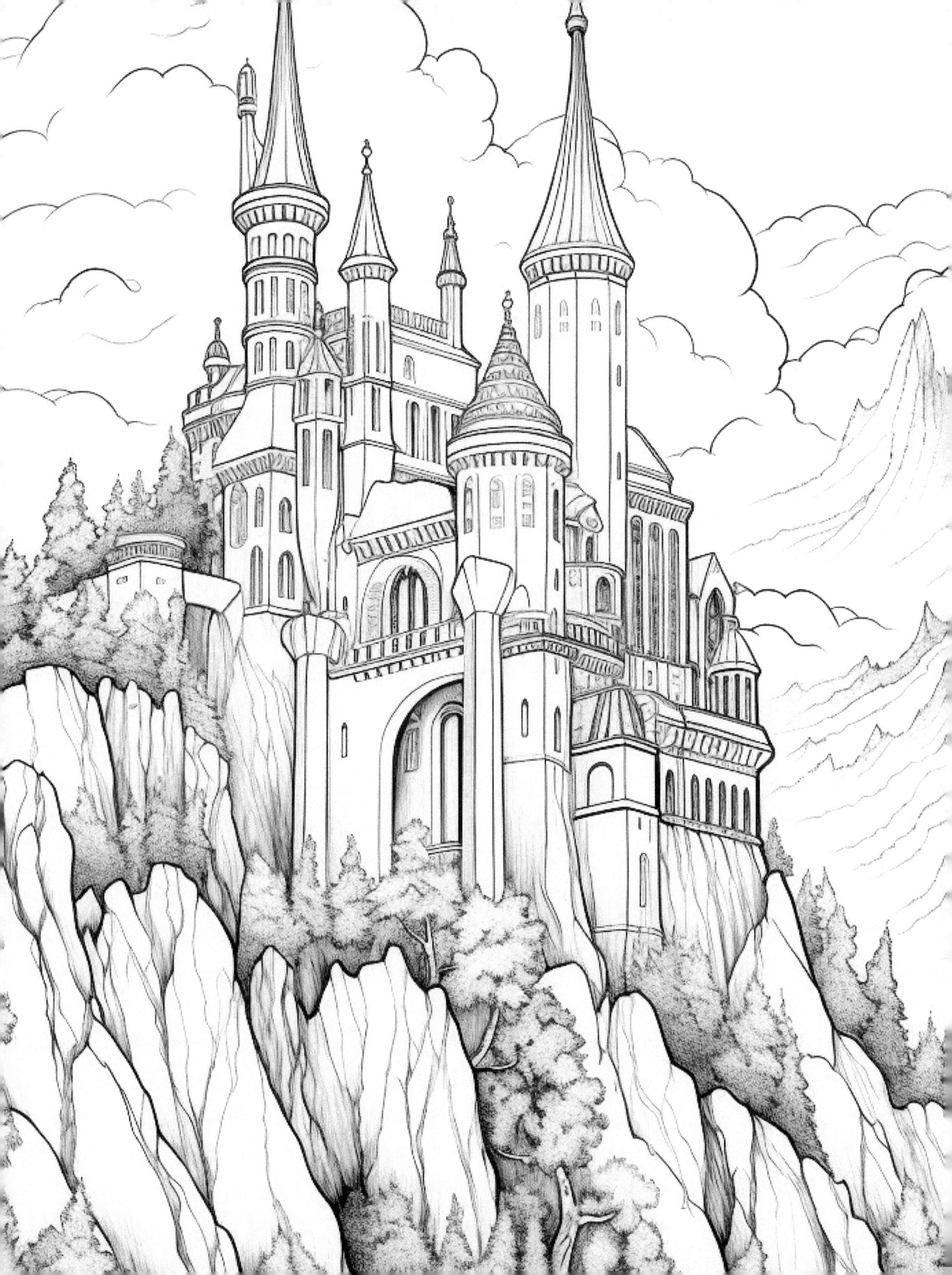

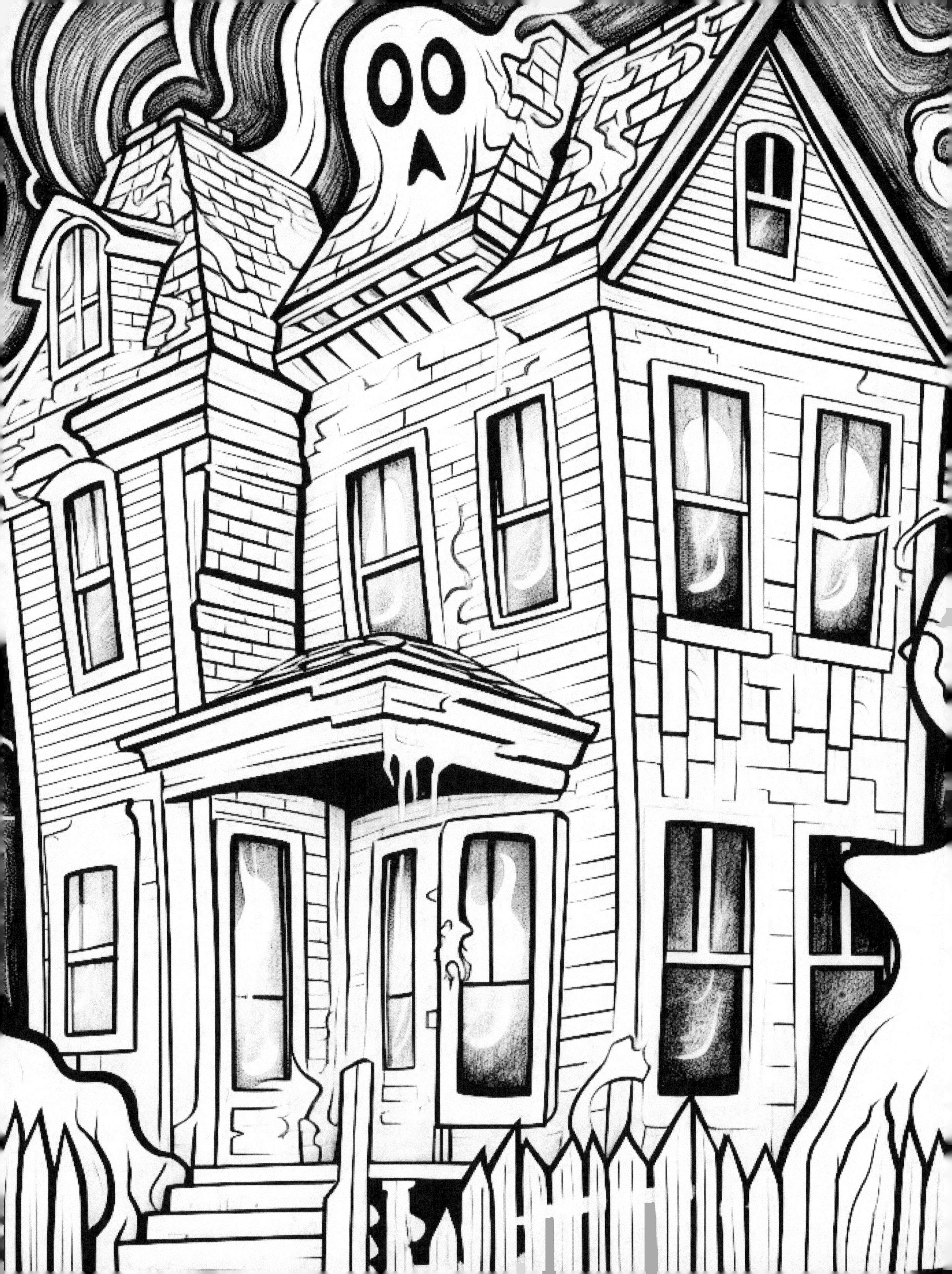

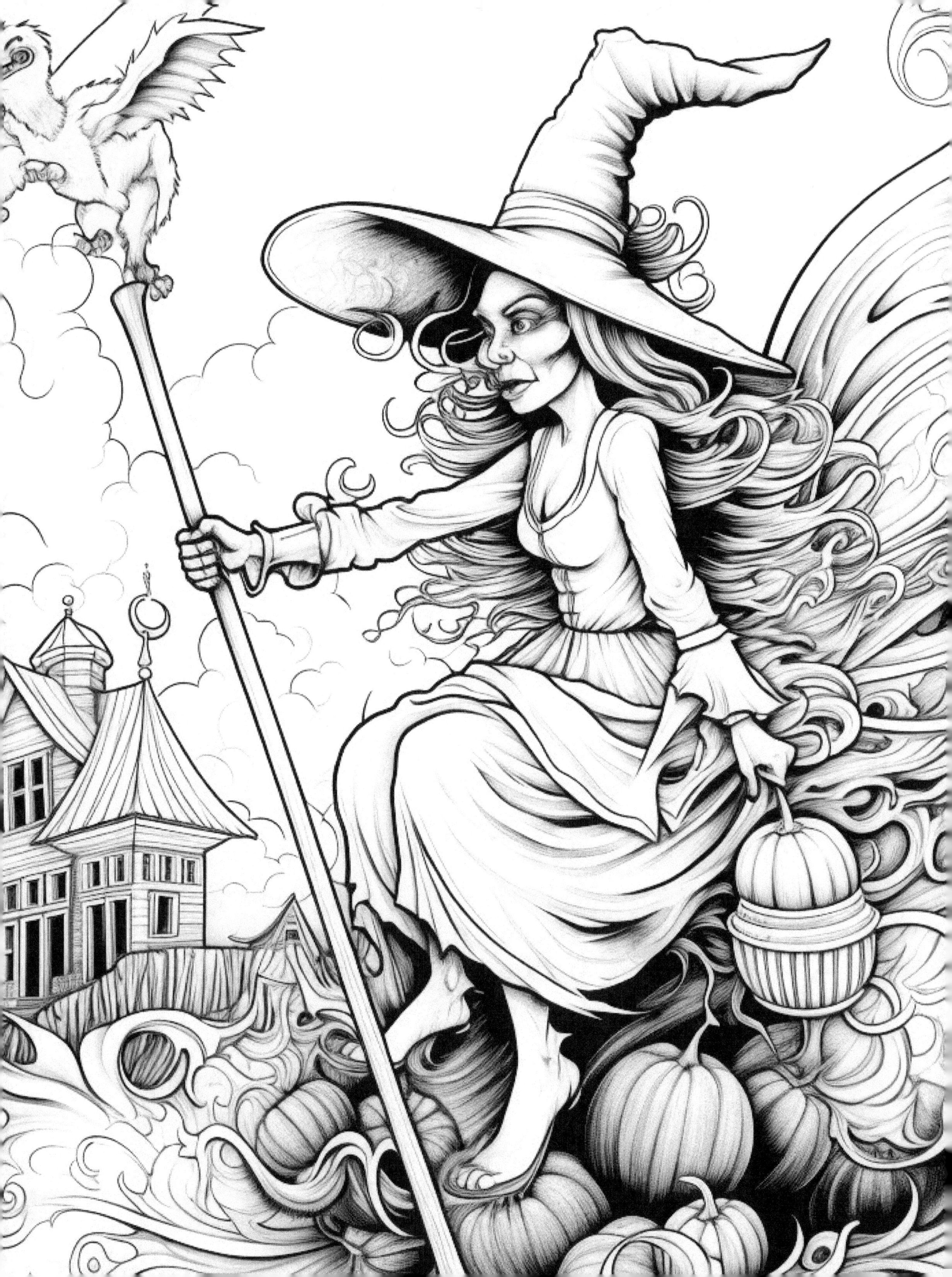

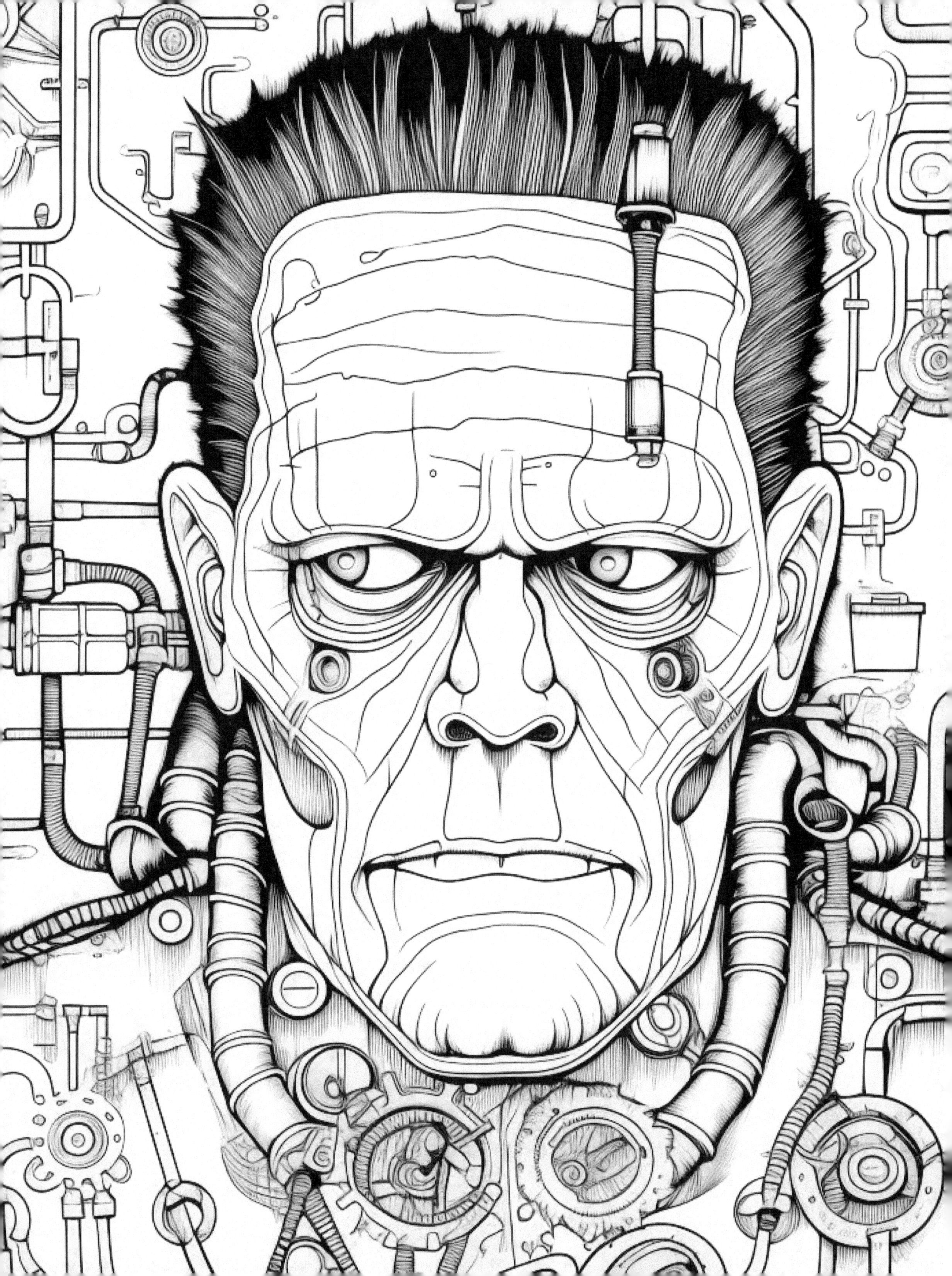

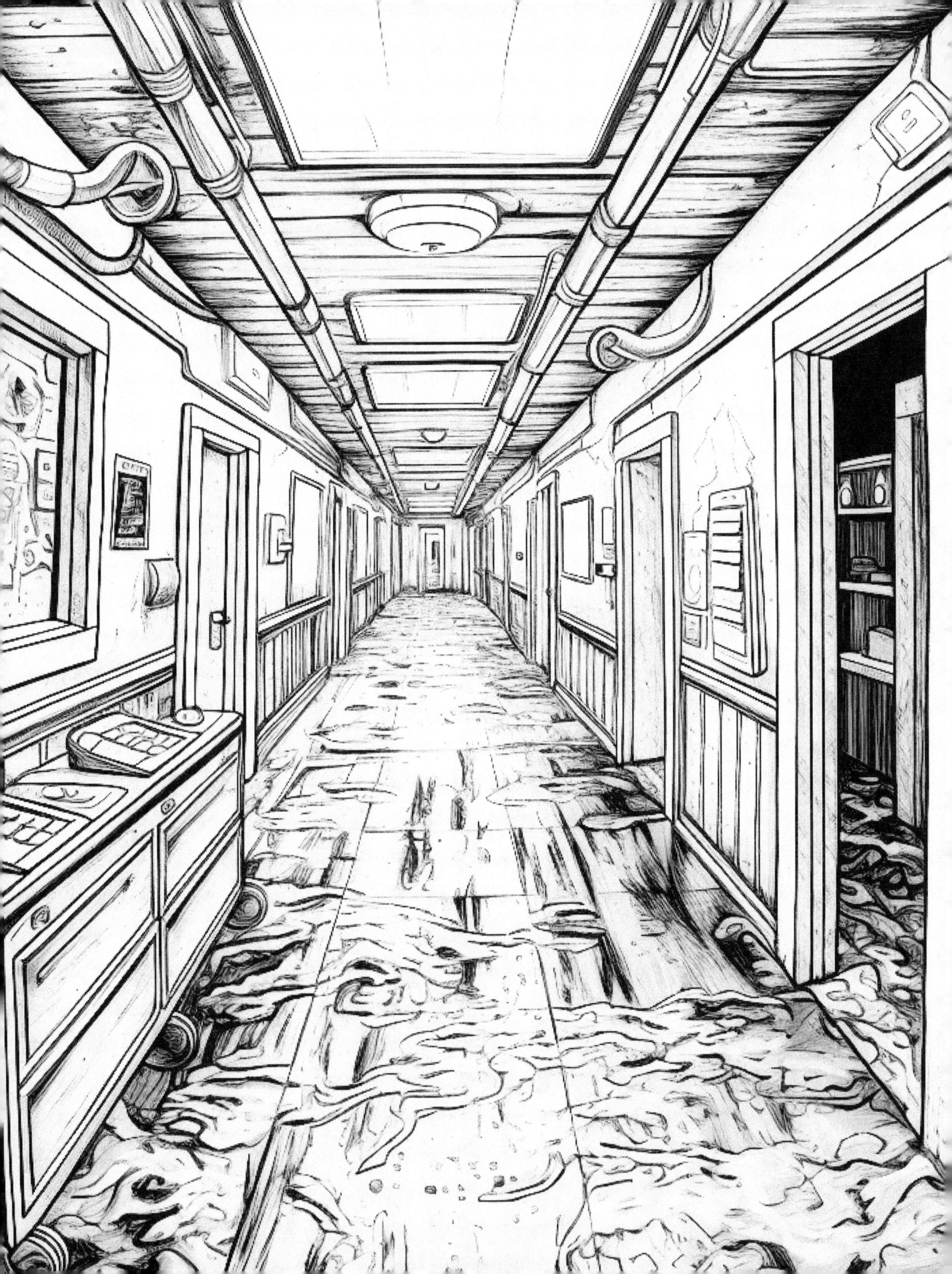

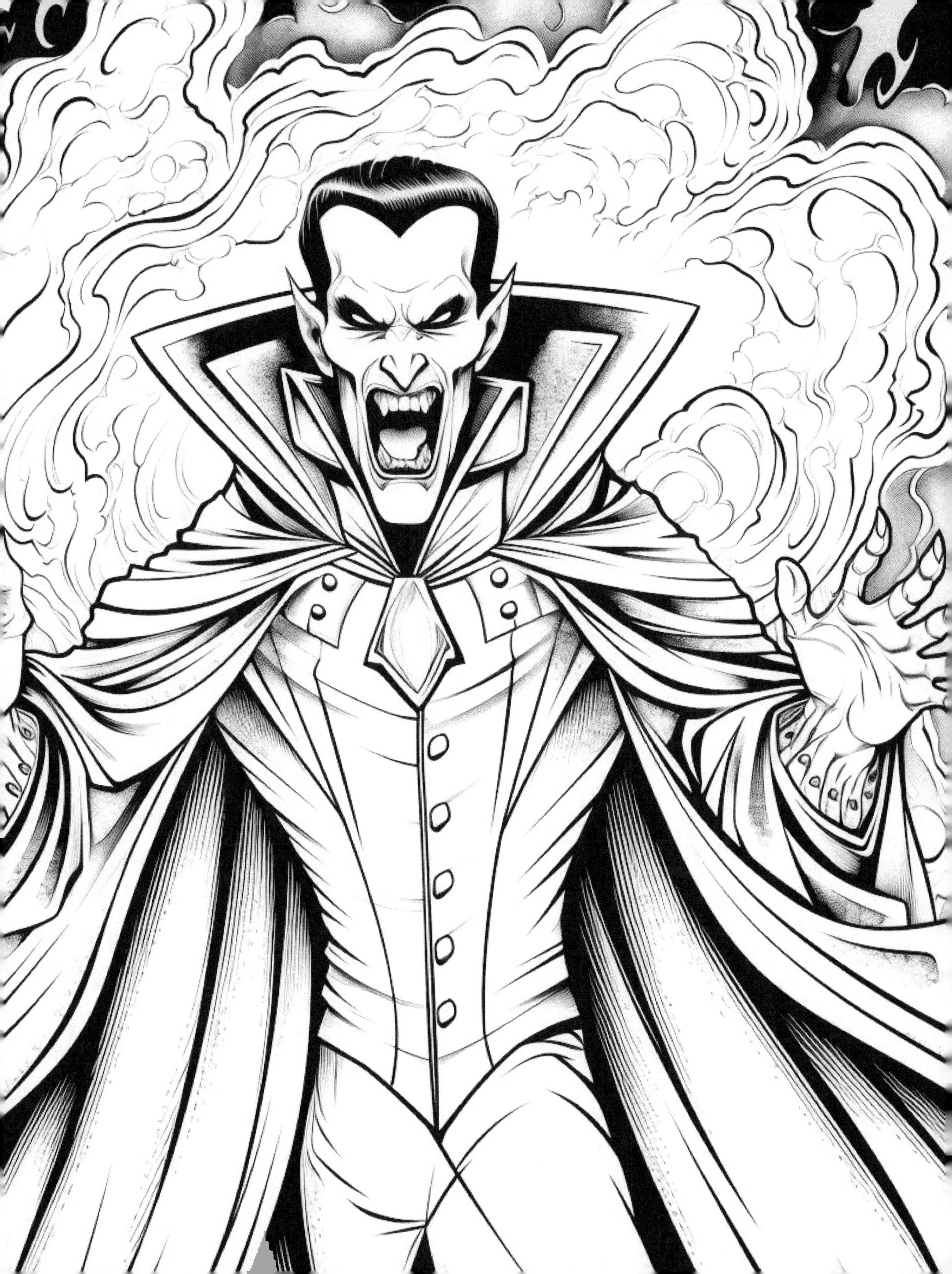

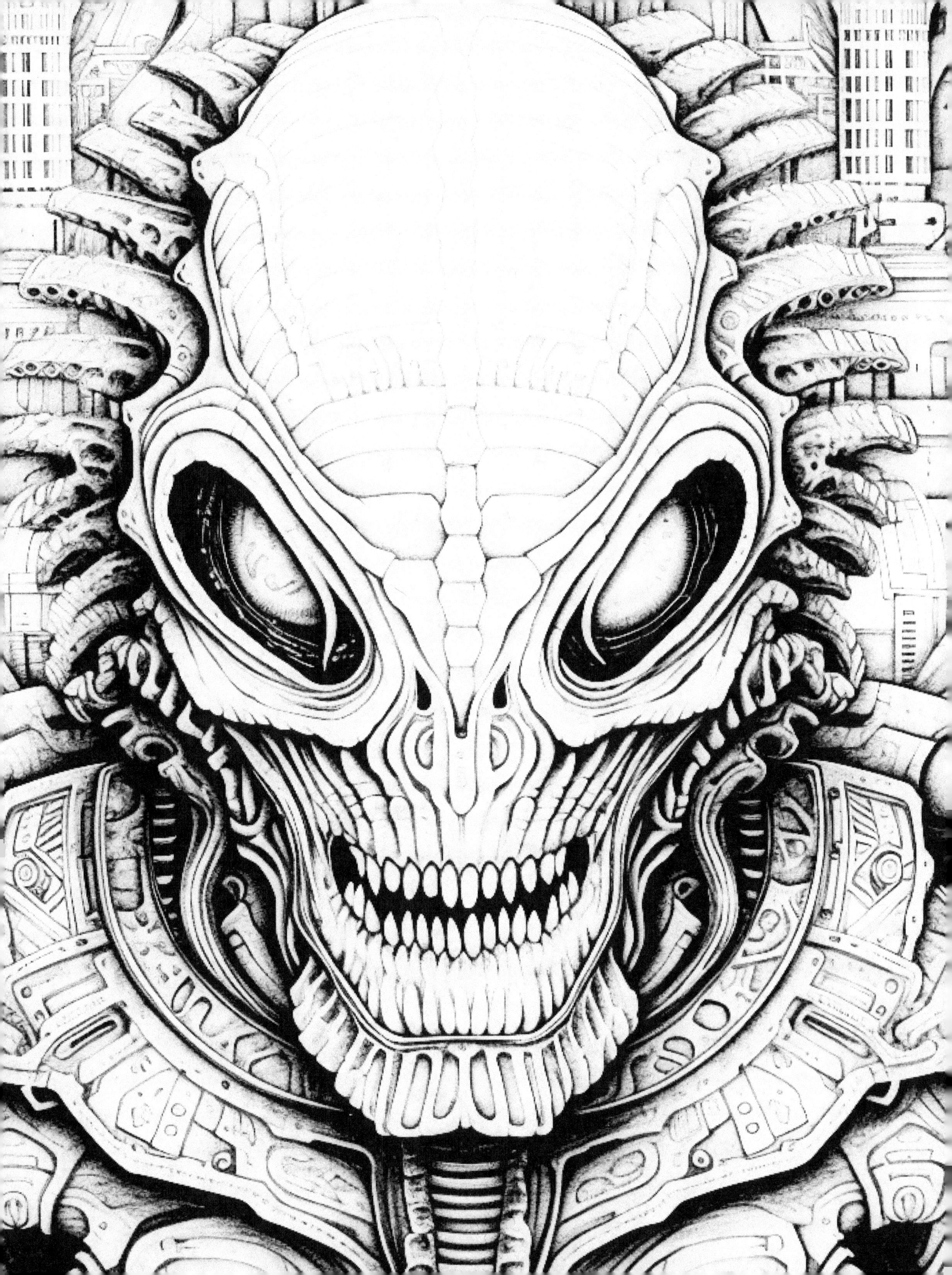

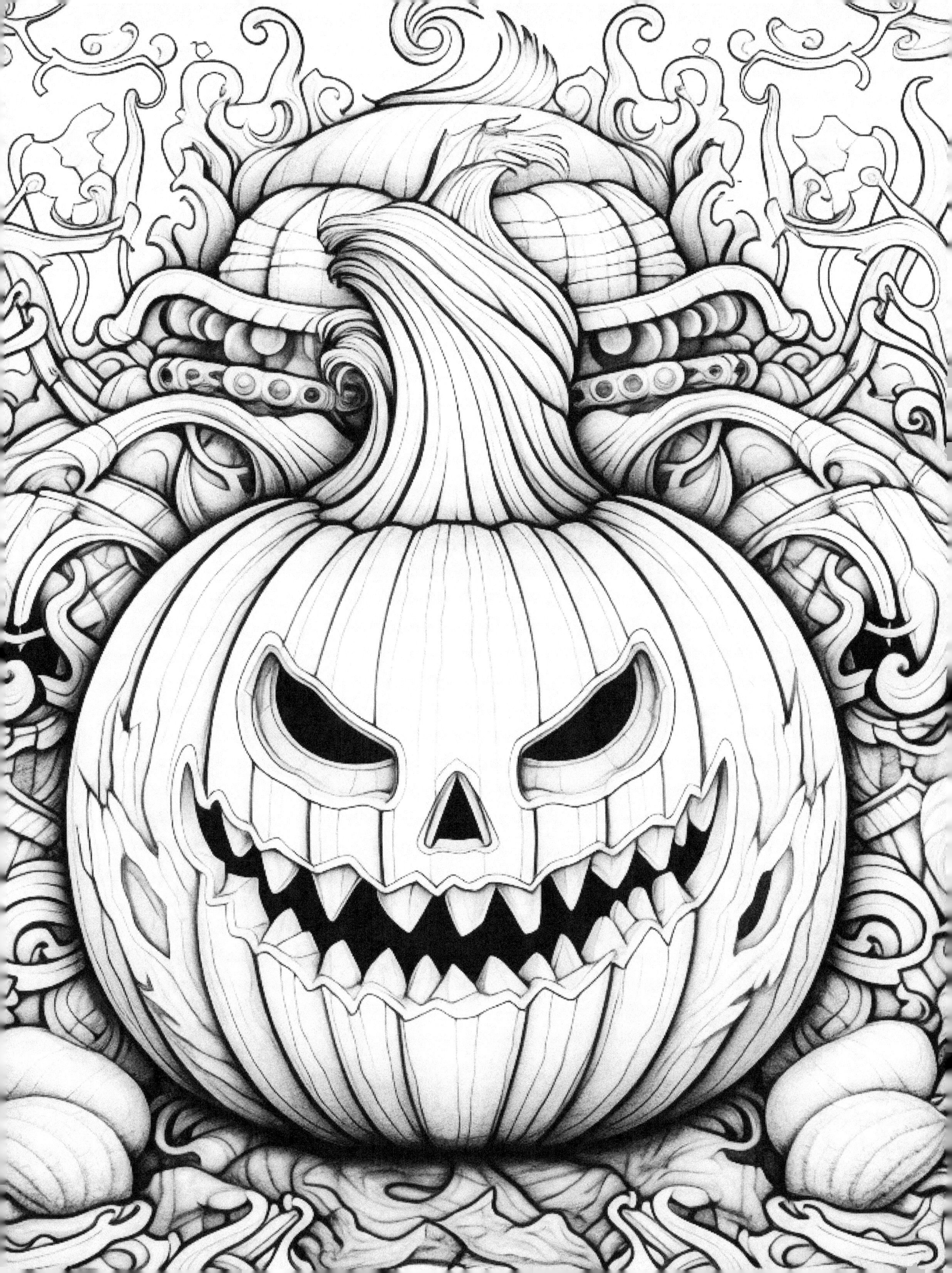

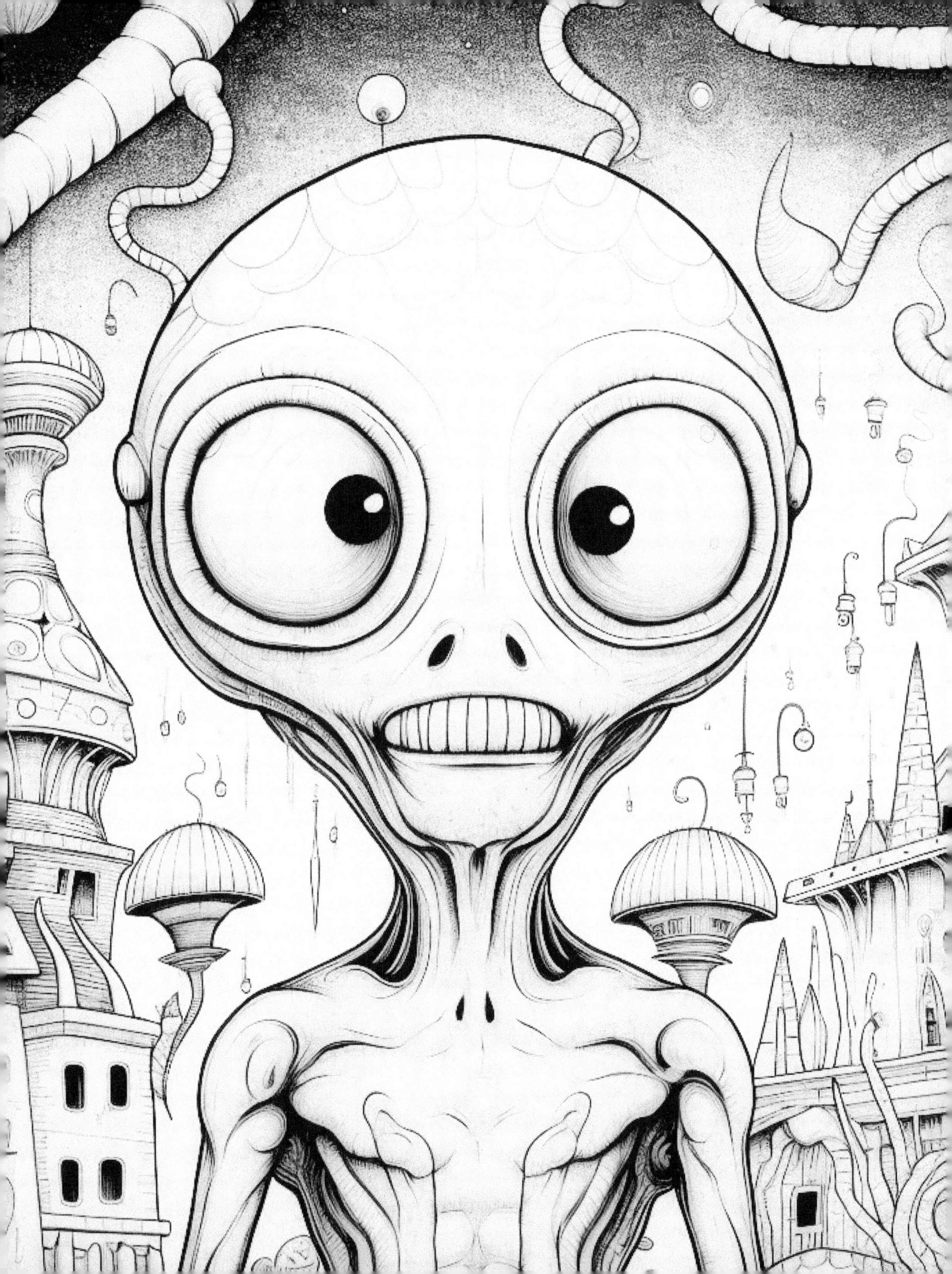

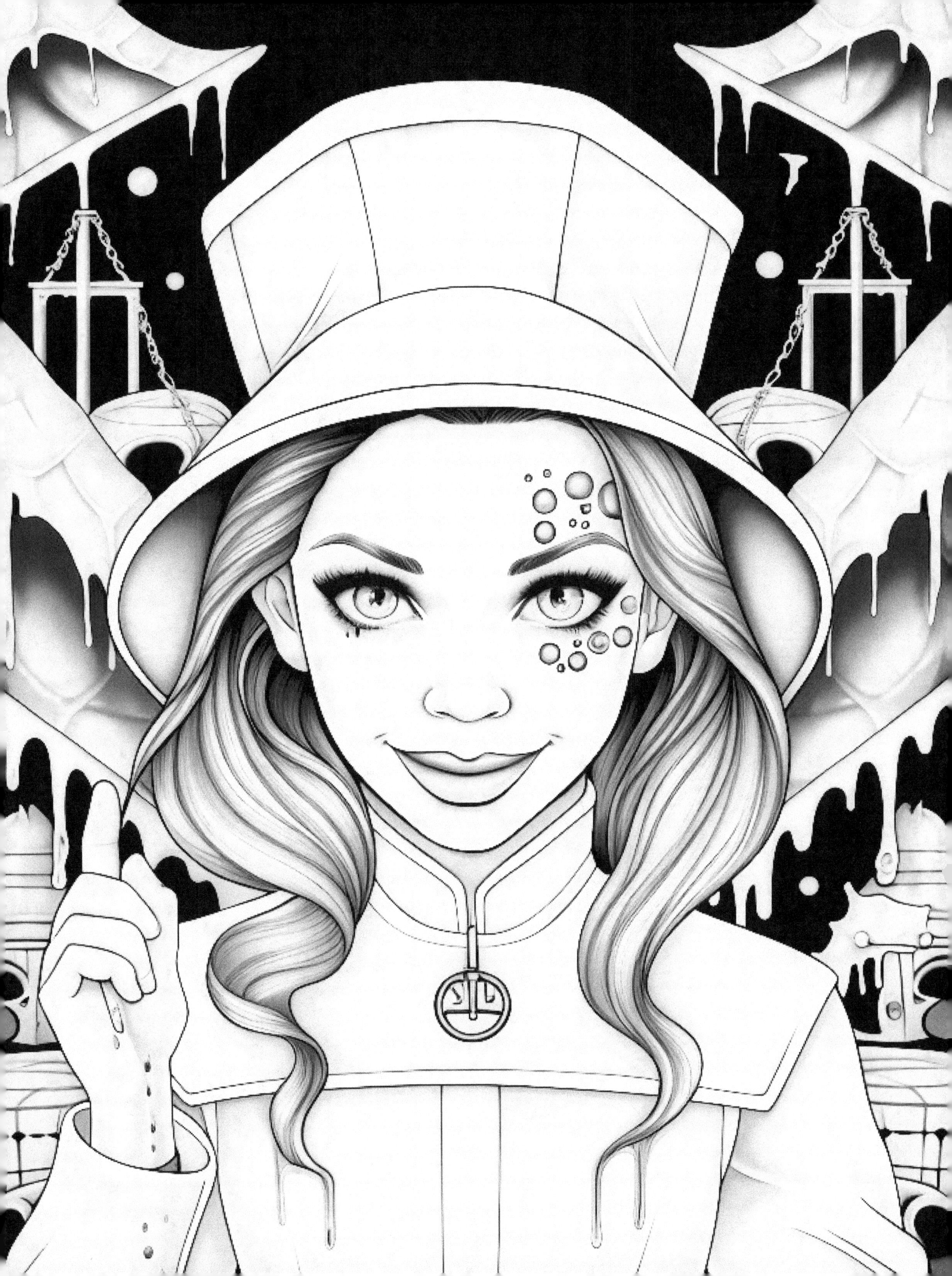

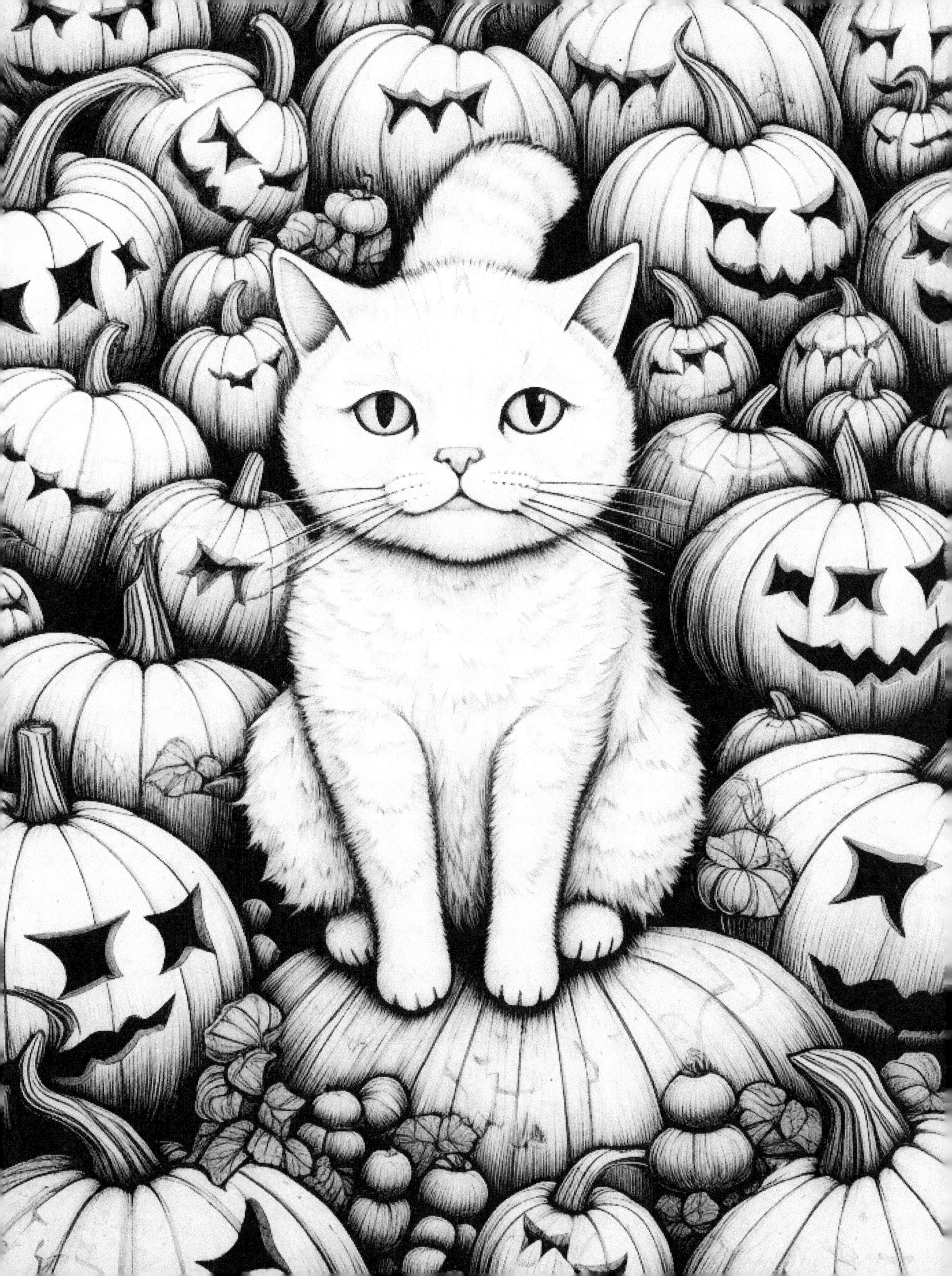

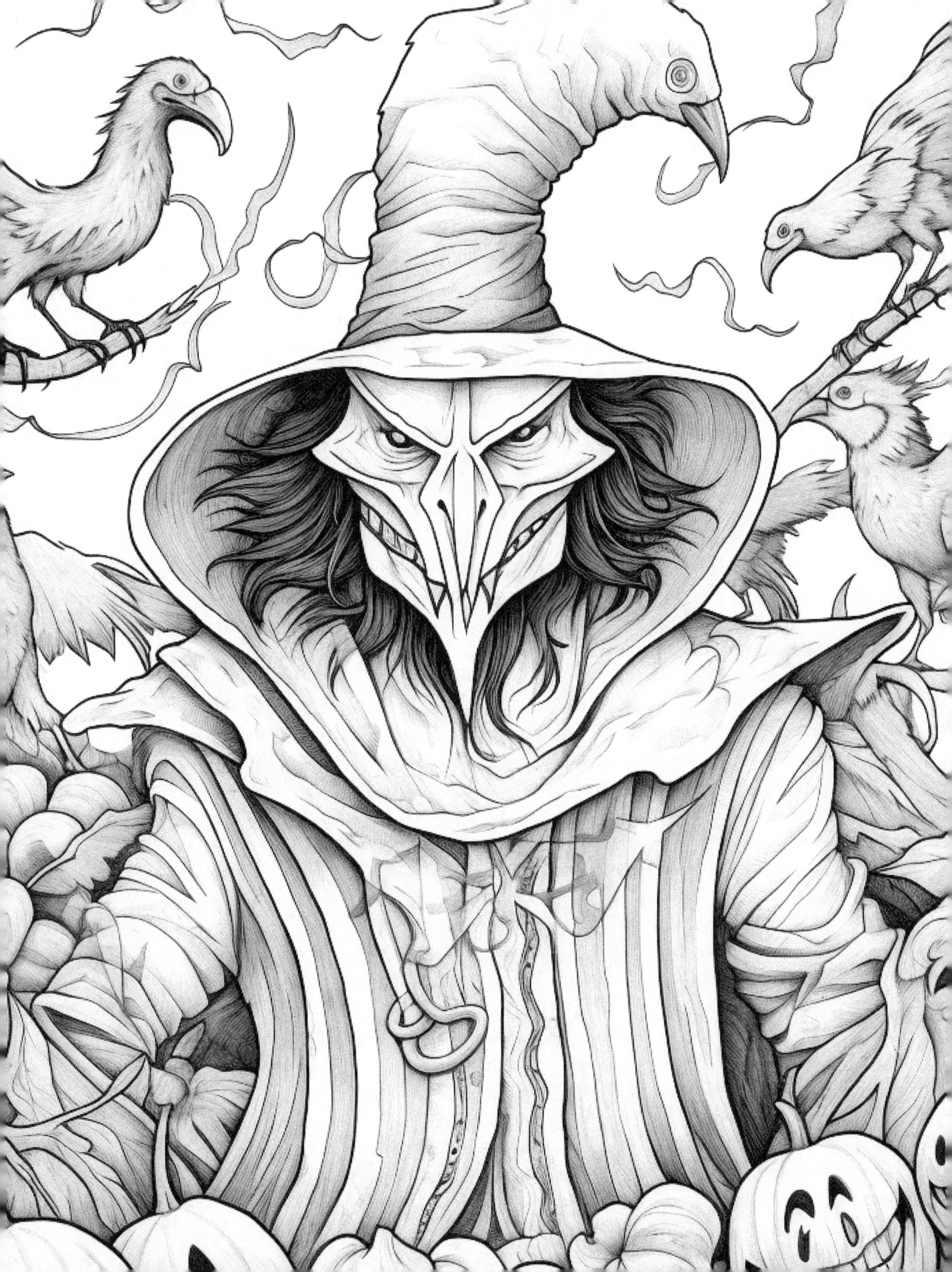

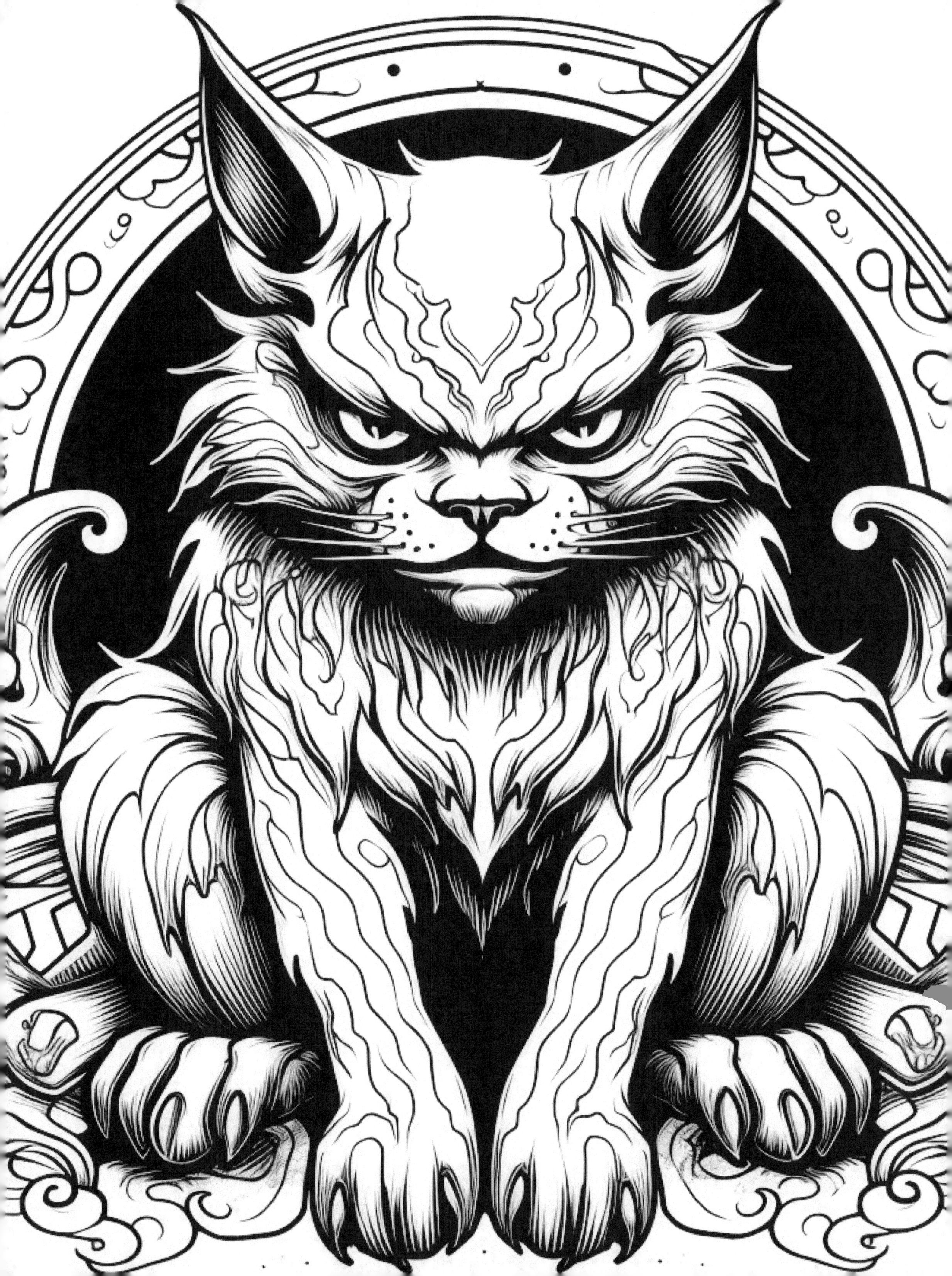

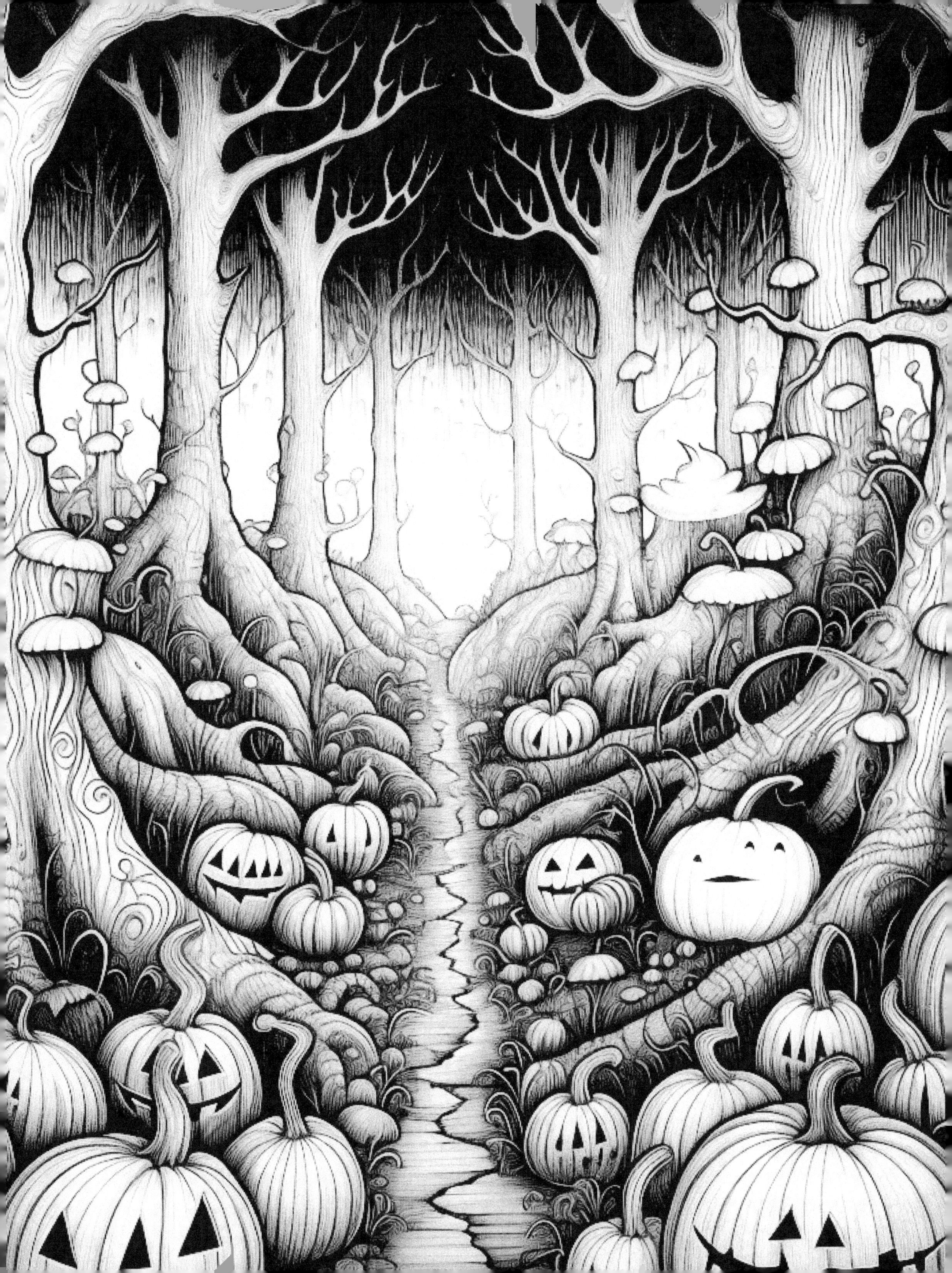

www.ingramcontent.com/pod-product-compliance
Lightning Source LLC
Chambersburg PA
CBHW060001230526
45472CB00008B/1892
* 9 7 9 8 3 9 9 5 4 9 9 9 6 *